JN076255

株式実務担当者のための

会計・金商法・税法の基礎知識

ACCOUNTING

FINANCIAL INSTRUMENTS AND EXCHANGE ACT

TAX LAW

アンダーソン・毛利・友常法律事務所外国法共同事業
弁護士／公認会計士

中村慎二 著
NAKAMURA Shinji

商事法務

はしがき

「株式実務担当者のための３部作なんてどうでしょうか？」

東京株式懇話会会長（当時副会長）の井上卓氏からそんな興味深いテーマをいただいたのは３年前のことであった。

会社は事業と資本を結びつけるだけでなく、経営者と株主という人と人とを結ぶ共同体である。株式実務担当者の皆様はまさにその根幹に関わる重要な役割を果たしておられる。会社法や総会実務に関わる知識の習得・アップデートだけでも忙しい方々に、その周辺実務をいかに要領よくかつ魅力的に提供できるか――それを考えながら試行錯誤の連続であった。自分なりの構想をまとめ、2018年に拙稿「株式実務担当者のための企業会計の基礎知識～純資産の部を中心に～」を初めて東京株式懇話会會報にご掲載いただいた。その後も企画が継続し、2019年には「株式実務担当者のための金融商品取引法の基礎知識～開示規制と市場規制～」、2020年には「株式実務担当者のための税法の基礎知識～上場株式にまつわる法人税法と所得税法の基礎～」を會報にご掲載いただき、３年越しで３部作を実現させることができた。私にとって新鮮でやり甲斐のある企画であり、何より自分自身が多くのことを学ばせていただいた。

2021年初春、井上氏から改めて連絡を頂戴した。株式会社商事法務コンテンツ開発部長の浅沼亨氏に書籍化のご快諾をいただいたというお話であった。東京株式懇話会會報で実現させた３部作を束ねて１冊の書籍として皆様にお届けできるというまたとない機会を頂戴したことは身に余る光栄である。

専門性を突き詰めた濃厚な専門書も価値があるが、専門家でない方々の業務や活動のお役に立てることも重要であると私は考える。今回は、株式実務担当者の方が、その周辺知識を身につけることによって株式実務の役割を再認識し、より一層ご自身の職務に意欲と誇りをもって取り組んでいく後押しとなればとの思いで本書の執筆にとりかかった。新型コロナウイルス感染症の影響に慎重に配慮しつつ、株式実務担当者の方々が定時株主総会を滞りなく終えられた後、さらなる高みを目指すにあたって何か新しい分野の本でも読んでみようかという気分になったときに目に留まる一冊となれば幸いである。また、現在株式実務に携わっていない方でも、株式実務という一つの軸から周辺知識を横断的に整理するという視点に興味をもち、本書を手に取っていただけるとしたらこれほど光栄なことはない。

本書は、このように、東京株式懇話会會報にそれぞれ掲載していただいた拙稿を、2021年3月末までに施行されている会社法、金融商品取引法、各種会計基準および税法（法人税法・所得税法）を踏まえて適宜アップデートし、また昨今の実務の動向を踏まえて株式実務担当者の皆様に有益と思われる項目を加筆したうえで、企業会計・金融商品取引法および税法の各分野への関心を深めてもらえるようなコラム記事を追加した。

このように、本書の刊行は、本企画の構想をご提案くださり、諸々のご支援をくださった井上氏、會報への掲載に尽力くださった東京株式懇話会会報部部長の伊藤司氏をはじめとする同部委員の皆様、そして本企画の趣旨にご賛同くださり、短期間での出版に向けて迅速かつ細やかなご対応をしてくださった浅沼氏と㈱商事法務の皆様のご助力なくしては実現できなかった。関係者の皆様にこの場を借りて厚く御礼申し上げたい。

2021年　7月

中村　慎二

目　次

第１章　株式実務担当者のための企業会計の基礎知識
――純資産の部を中心に

第２章　株式実務担当者のための金商法の基礎知識

第３章　株式実務担当者のための税法の基礎知識

凡　例

法令等の略称

金 商 法　　金融商品取引法　（第1章・第2章）
計算規則　　会社計算規則　（第1章）
財務諸表等規則　　財務諸表等の用語、様式及び作成方法に関する規則
　または財規　　　（第1章・第2章）
企業内容等開示府令　　企業内容等の開示に関する内閣府令　（第2章）

第1章

株式実務担当者のための

企業会計の基礎知識
——純資産の部を中心に

I　はじめに

本章では、株式実務担当者の皆様の実務において役立つと思われる企業会計の基礎知識の概要を紹介する。

株式実務担当者の皆様が経理実務の専門家となる必要はないものの、経理担当者をはじめ会社内外の関係者と適切なコミュニケーションを図るうえで、周辺知識として企業会計に関する基礎的な知識を持ち合わせていることは有用であると思われる。また、とりわけ貸借対照表の純資産の部には、株式実務担当者だからこそ見えてくる企業グループの実態が隠れているかもしれず、会計的知識が株式実務の付加価値を高めるのに一役買うことは間違いないであろう。

このような観点から、本章では株式実務と隣接すると思われる下記の4項目について概要を解説することとしたい。

Column 1-1　**会計＝簿記とは限らない？**

会計の仕組みを深く理解するには簿記、つまり仕訳（いわゆる借方／貸方の記帳）を理解することが重要であるようにも思うが、私自身は、経理担当者以外の人にとって簿記の知識は必ずしも必須ではないと考えている。

簿記は会計処理を記録し共有するための有益なツールであるた

め、決算書類を作成する経理担当者や、それが正しいかどうかを確認する業務を行う担当者には必須の能力であると思う。しかしそれ以外の人がまず身につけたいと思うのは決算書類を読むスキルであって決算書類を作るスキルではない。決算書類を読むスキルとして簿記の知識は必要か、というと必ずしもそうではないように思うのである。

そのような思いから、本書はこれまでの会計入門書とは異なり、仕訳を一切記載しないことにした。本書で強調したいのは、「資産＝負債＋純資産」という貸借対照表の等式である。ある取引や事象が起きたとき、それが直感で会社にとって有利か不利かではなく、最終的に貸借対照表にどういう影響が生じるのか（つまり純資産にどういう影響が生じるのか）という形で分析したうえで会社に対する財務インパクトを評価することができれば十分なのではないかと考えた。

読者の方が、本書のような考え方では分かりにくいから結局簿記を勉強してみようという気になったのであれば、反面教師的ではあるが、結局本書が簿記を勉強する人をまた１人増やすことに貢献したということで、ある意味本書の目的は達成できたのではないかと（都合のよい解釈ではあるが）考えている。

Ⅱ　会社法の計算規定の概要

1　会社法の計算規定の目的

会社法の計算規定の目的は、次の２点に集約される。

第１の目的は**情報提供**である。計算書類は株主に提供され、定時株主総会において承認議案となるかまたは報告事項となる（会社法438条2項、439条)。仮に報告事項にすぎないとしても、役員の選任、剰余金の配当その他の総会議案に関する議決権行使その他の株主権行使にあたって、株式会社に関する適切な財務情報が株主に提供されることは必須の前提条件である[1)]。

第2の目的は**分配可能額の画定**である。株主が有限責任であり、債権者が会社財産(純資産)を引当てにしている以上、純資産を原資とする株主への分配は債権者の合理的な期待に反しない限度で行う必要がある。会社法は、剰余金の配当等の方式による株主に対する還元額の上限(分配可能額)を、適切に作成した計算書類に基づいて計算することを定めている。つまり、計算書類は、潜在的に対立関係にある債権者と株主との間の利害調整のための重要な手段である。

なお、最近の会社法の計算規定は、情報提供の側面を重視する傾向があるように思われる。伝統的な旧商法の会計においては、適切な配当可能限度額を計算する前提として計算書類をどのように作成するべきかという利害調整機能を重視していた。しかし、その後の商法改正(平成14年)により一定の会社に連結計算書類の作成が義務づけられるようになり、これが現在の会社法にも引き継がれている(会社法444条3項参照)。連結計算書類は、直

1) 本章のテーマとはやや離れるものの、計算書類は債権者にも提供されることが予定されている点も忘れてはならない。会社法上、計算書類(またはその写し)は株式会社の本支店に備置することが要求され、株主に加え債権者がこれを閲覧・謄写する権利が認められている(会社法442条1項～3項)。計算書類に重要な虚偽の記載があることによって債権者に損害を与えた場合、株式会社の取締役・執行役が当該損害を賠償する責任を負う可能性がある(会社法429条2項1号ロ参照)。これらの規定から、会社法が債権者に対する適切な財務情報の開示を確保しようとする姿勢がうかがわれる。

接的には分配可能額の計算に影響しない。それにもかかわらず連結計算書類の作成が必要となるのは、企業集団（自社と子会社から成る集団）の財産および損益の状況を開示することが会社法においても重要であると考えられるようになったことによる（同条1項参照)。つまり、連結計算書類の必要性は、専ら情報提供の目的から説明されるものである。

2 会社法上の計算の根拠法規

会社法431条が、「株式会社の会計は、一般に公正妥当と認められる企業会計の慣行に従うものとする。」と定めていることからも明らかなように、計算書類の作成の基礎となる会計処理の細かいルールは、法令や規則ではなく、企業会計の専門家団体（**企業会計基準委員会（ASBJ)**）が定めている会計基準等に定められている。

会計基準自体は法令ではないものの、計算書類の会計基準違反の結果、上記1の目的を達成できないほどに計算書類の瑕疵が大きいと考えられる場合には、会計基準違反は会社法違反と評価されうる点に留意が必要である。

3 計算書類の種類

会社法に基づいて作成しなければならない**計算書類**は、以下の4種類である（会社法435条2項、計算規則59条1項)。

- **貸借対照表**
- **損益計算書**
- **株主資本等変動計算書**
- **個別注記表**

注意すべき点として、金商法に基づくディスクロージャー（有価証券報告書等）および証券取引所の決算短信においては、「**キャッシュ・フロー計算書**」が要求されているのに対して、会社法に基づく計算書類ではこれが要求されていない。そのため、決算書類としてどのような計算書を作成する必要があるかは、根拠となる法令（またはそもそも法令に基づくものか否か）によって異なる点にも留意が必要である（図表1参照）。本章では、会社法上作成される計算書類を理解するための基礎について説明したいと考えていることから、以下では金商法ではなく会社法および計算規則の条文を引用して説明する。

4 連結計算書類

会社法上、計算書類とは別に、事業年度の末日において会社法上の大会社であって、金商法に基づく有価証券報告書の提出義務を負っている会社は**連結計算書類**を作成しなければならない（会社法444条3項[2]）。

20世紀末の金融ビックバンにより、金商法（当時の証券取引法）のディスクロージャーは個別主体から連結主体へと切り替わった。しかし、会社法上の会計はいまだ連結主体とまでは言い

2） 有価証券報告書提出会社は、一定の要件のもとに、有価証券報告書上の連結財務諸表を日本の会計基準以外の会計基準、具体的には指定国際会計基準（IFRS）または米国の会計基準にしたがって作成することができ、そのような会社は会社法上の連結計算書類も指定国際会計基準または米国の会計基準に従って作成することができる（計算規則120条および120条の3参照）。本書では日本の会計基準に基づいて連結計算書類を作成する場合について述べているため、指定国際会計基準または米国の会計基準にしたがった連結計算書類の場合、本書で説明している内容と異なる点があることに留意いただきたい。

図表1　会社法会計と金商法会計の比較

	会社法会計	金商法会計
作成書類の名称	計算書類	財務諸表
作成根拠	会社法および計算規則	金商法 財務諸表等規則　等
対　象	すべての会社	上場会社など一部の会社
趣　旨	債権者・株主の保護、 両者の利害調整 （利害調整および情報提供）	投資家保護 （情報提供）
体　系	貸借対照表 損益計算書 株主資本等変動計算書 個別注記表 （別途附属明細書が必要）	貸借対照表 損益計算書 株主資本等変動計算書 キャッシュ・フロー計算書 附属明細表
開示方法	直接開示（株主に提供） 間接開示（備置） 公告（官報、電子公告等）	有価証券報告書 （EDINETにより一般公開）

きれない。1に述べた分配可能額（p.4）は、連結配当規制（計算規則158条4号参照）を及ぼす目的以外は原則として当該株式会社単体ベースの計算書類に基づき算定されることから、1に述べた2つの目的（p.3）のうち、情報提供という意味では会社法

上も連結計算書類の重要性は認識しているものの、分配規制（利害調整）の観点からは、個別の計算書類の重要性も無視できない。この意味で、完全に連結ベースの情報が優先と評価されている金商法に基づくディスクロージャーおよび証券取引所の決算短信との間には大きな違いがある。

Column 1-2　連結財務諸表の位置づけ

連結計算書類（連結財務諸表）の性格については、今でも自分の中でもきれいに整理がついていない。

本書では、法律家的に、親会社と子会社から成るグループ（企業集団）が１つの法人だったとしたらどのような決算書類になるだろうか、という視点で作成したものが連結計算書類であると述べた。

このような整理に立つと、連結計算書類は（単体の）計算書類とは別個の書類であり、計算書類を補完するものということになる。個社の情報も重要であるがグループの情報も重要という考え方であり、両方の決算情報が要求される会社法や金商法に基づく現在の開示制度を説明するのには都合がよい。しかしこの説明は必ずしも世界標準ではないと感じている。

米国の会計大学院で講義を受けたとき、私が衝撃を受けたのは教授の次のような説明だった。

「他の会社に対する議決権保有割合が20%未満であれば、その会社に対する投資は（取得）原価で評価します。……（中略）……さらに、その会社に対する議決権保有割合が50%超となってその会社を支配することとなった場合、その会社に対する投資は連結財務諸表によって表示されます」

確かにこのような説明は、日本の会計の書籍にも記載がある。しかし、個人的には会計実務上の通説とは思っていなかった。これに対して米国ではこのような発想の方が会計専門家の感覚に合っているようである。
つまり、連結という技法を、親会社の決算上、子会社に対する投資（出資）の状態（貸借対照表上の影響）と成果（損益計算書上の影響）を測定・表示する手段（一種の評価方法）と考えるのである。これは単体の決算と連結の決算を次元の異なるものと考えるのではなく、連結の決算を単体の決算の延長線でとらえている。
教授は続けてこう説明した。「子会社に対する投資はどのように活用されていますか？配当を期待した投資ではないですね。親会社は実際に子会社の事業を運営し、自分の意向に沿ってその資産を使用し、その子会社に負債を負担させています。親会社が本当に投資しているものは何でしょうか？株式ではないですね。株式の先にある、子会社が保有する資産と負債です。投資の成果は何でしょうか？子会社の事業の成果ですね。ですから、この両方を親会社自身の決算の中で開示する、それが連結という技法なのです。」
このように考えると、子会社を持つ親会社の決算情報は連結のみで足りることになる。
同様の発想の転換を行うことができれば、会社法上は難しいとしても、少なくとも金商法上は連結決算の開示のみを義務づけ、単体決算の開示を要求しないという制度設計も理論上は十分にあり得るのではないかと思う。

Ⅲ　貸借対照表および損益計算書の読み方の基礎

以下では、計算書類のうち貸借対照表および損益計算書の読み方の概要を紹介することとしたい。株式実務担当者にとって重要度が高いのは貸借対照表であり、その中でも純資産の部である。

その理由は以下の２点である。

・第１に、株主との間の取引（新株発行／剰余金の配当）はいわゆる**資本取引**とよばれるが、資本取引からは損益は生じず（つまり損益計算書に影響がない）、貸借対照表の純資産の部の増減のみに反映される。
・第２に、株主に対する剰余金の配当等の上限を画する分配可能額は、基本的には貸借対照表の純資産の部の金額をベースに計算される。

もっとも、貸借対照表と損益計算書は相互に密接に関連していることから、以下では、貸借対照表の説明を主としつつ、必要な範囲で損益計算書にも適宜言及することとしたい。また、重要度の高い純資産の部については、後記Ⅳ（p.27）にて項を改めて解説する。

1　貸借対照表は右（貸方）から左（借方）に読む

貸借対照表は左側（借方）に資産、右側（貸方）に負債と純資産に属する項目とその価額（貸借対照表価額）を記載することにより決算日という一時点における財政状態を示したストック計算

図表２　貸借対照表の概念図（継続企業）

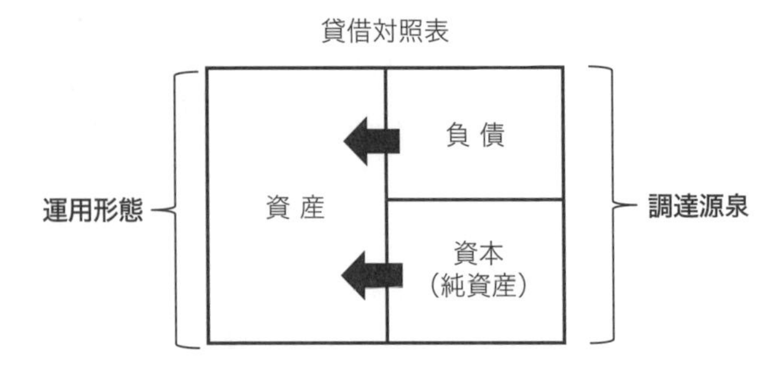

書である（**図表2**参照）。

(1) 前提知識

貸借対照表のルール（基本的性質）として、以下の点を理解しておくことが重要である。貸借対照表の例（**図表3**、p.12）も参照しながらご確認いただきたい。

- **資産＝負債＋純資産**（借方合計＝貸方合計）
- **資産＝流動資産＋固定資産＋繰延資産**
- **負債＝流動負債＋固定負債**
- **純資産＝株主資本＋その他の項目（評価・換算差額等、株式引受権および新株予約権）**
- 原則として**流動性配列法**（現金化の時期の早い資産や返済期限の早い負債が上の方に配列される）

(2) 資本の調達源泉と運用形態

倒産企業ではない継続企業の貸借対照表は「**右から左**」に読むことによって多くの情報が得られる。企業はその事業活動に必要な資本をすべて外部から調達しなければならない。貸借対照表の右側（貸方）の負債と純資産は、企業がどのようにこれらの資本を調達したか（資本の調達源泉）を示している。一方企業はこのようにして調達した資本を事業に使用し収益を得るために様々な形態の資産を取得し保有する。貸借対照表の左側（借方）の資産は、こうした資本の運用形態を示している。(1)に述べた「**資産＝負債＋純資産**」とは、このような関係を数式で示したものである。

このような貸借対照表の機能ゆえ、資産の貸借対照表価額は債務の弁済能力を表しているとは限らない（なお、倒産企業の貸借対照表における貸借対照表価額はその目的に照らし処分価額で測定される点において継続企業とは異なる。）。確かに金銭債権や有価

図表3　貸借対照表の例

単位：千円

資産の部		負債の部	
流動資産	**470, 000**	**流動負債**	**200, 000**
現金及び預金	140, 000	買掛金	100, 000
受取手形	130, 000	短期借入金	100, 000
売掛金	110, 000		
（貸倒引当金）	△ 10, 000	**固定負債**	**300, 000**
有価証券	40, 000	長期借入金	100, 000
商品	40, 000	社債	100, 000
前払費用	20, 000	繰延税金負債	20, 000
		退職給付引当金	80, 000
固定資産	**520, 000**	負債合計	500, 000
有形固定資産	480, 000	純資産の部	
建物	170, 000		
機械	60, 000	**株主資本**	**500, 000**
土地	280, 000	資本金	150, 000
減価償却累計額	△ 30, 000	資本剰余金	150, 000
無形固定資産	10, 000	資本準備金	150, 000
のれん	10, 000	利益剰余金	210, 000
投資その他の資産	30, 000	その他利益剰余金	210, 000
投資有価証券	30, 000	自己株式	△ 10, 000
		評価・換算差額等	△ 5, 000
繰延資産	**10, 000**	その他有価証券評価差額金	△ 5, 000
株式交付費	10, 000	株式引受権	3, 000
		新株予約権	2, 000
		純資産合計	500, 000
資産合計	1, 000, 000	負債及び純資産合計	1, 000, 000

証券は基本的に現金化される金額で計上されるが、事業用固定資産（建物・器具備品等）や棚卸資産（製品、商品等）の貸借対照表価額については注意が必要である（後記2(4)（p.20）および(5)（p.22）参照）。

(3) 流動・固定分類

流動資産／負債と固定資産／負債との区分は、「**正常営業循環基準**」と「**1年基準**」の両方の観点に基づく。具体的には、企業の正常な営業サイクル内で発生する資産（売掛金、棚卸資産等）および負債（買掛金等）は流動資産／流動負債として表示される。次に、これ以外であっても、決算日から1年内に現金化される資産および決算日から1年内に返済される負債もまた流動資産／流動負債となる。たとえば決算日から1年内に返済期限が到来する借入金は「**短期借入金**」として流動負債に表示される。流動資産／流動負債とならないものが固定資産／固定負債に分類される。たとえば、同じ借入金であっても、決算日から1年内に返済期限が到来しない場合は、「**長期借入金**」として固定負債に表示される（図表3参照）。

(4) 注意すべき資産・負債

資産・負債として計上されるものがすべて法的な権利・財産や金銭債務であるとは限らない。これらの例外項目の典型例として**のれん**および**引当金**がある（これ以外にも2 (4)（p.22）の繰延資産および(6)（p.23）の繰延税金資産／負債も参照のこと。）。

① のれん

合併・会社分割等により他の企業（またはその事業の一部）を取得する場合、会計上は当該他の企業（またはその事業の一部）

に帰属する資産・負債を引き継ぐ処理となるが、

（x）企業・事業そのものの取得価額（価値）と、

（y）取得または承継する個々の資産・負債（貸借対照表に計上されるもの）の価額の合計額

とは一致しない[3]。（x）が（y）を上回る分（差額）がのれんとして資産計上される（計算規則11条参照[4]）。のれんの発生原因として超過収益力が考えられるが、のれんの金額がすべて超過収益力で説明できるわけではない（他の要因によるものもある）点に注意が必要である。そのため、「のれんは超過収益力を測ったもの」という理解はせず、「のれんの中には超過収益力といった見えない資産が含まれているが、金額自体は引き算で機械的に計算されたもの」という程度のイメージの方がよい。

② 引当金

将来重要な債務を負担することとなる原因が既に生じており、その債務負担の可能性が高い場合は、会計上は法的な債務の発生時期よりも早い時期に負債として計上することが求められている。具体例としては、仮に訴訟で敗訴した場合の損害賠償金額の見積り（**訴訟損失引当金**）や役職員の退職時点における退職金額の見積り（**退職給付引当金**）が挙げられる（計算規則6条2項1号参照）。

なお、引当金という名称が付される他の項目として**貸倒引当金**があるが、この引当金だけは性格が異なり、資産の部において

3） 連結計算書類においてはのれんとなるものの範囲がやや広い（具体的には、株式取得による子会社化が含まれる）ため、のれんを話題にする際には単体（個別）の計算書類について議論しているのか連結計算書類について議論しているのかを区別することが重要となる。

4） 逆に（x）が（y）を下回る場合の差額（負ののれん）は即座に利益計上されることとなるため、のれんは貸借対照表の左側（資産）にしか現れない。

マイナス項目として計上される。貸倒引当金とは、金銭債権（手形債権を含む。）の債権額のうち回収不能と見込まれる部分をいう。貸借対照表上の金銭債権は、このような回収不能部分を控除した金額で計上することが求められている（計算規則5条4項参照）ことから、貸借対照表では債権額を記載したうえで、マイナス項目（金額に△をつけてマイナスであることを示すことが多い）として回収不能額を記載する。図表3（p.12）の例では、**受取手形**（手形債権）と**売掛金**（商品の売買等の代金債権）の合計240,000千円のうち、貸倒引当金の10,000千円が回収不能分と見積もられており、実質的に230,000千円が回収可能と判断されていることとなる。

[2] 損益計算書は段階損益の意味を知る

(1) 段階損益の表示機能

損益計算書は、一定の期間（基本は1年間）の企業の経営成績を表示したフロー計算書である。企業の本業からの総収益（売上高）から出発して、最終利益である**当期純利益**が算出されるまでの過程を段階的に説明している（計算規則88条参照）（図表4参照）。

本来であれば1年間の収益・利益の合計額から費用・損失の合計額を控除すれば当期純利益が計算されるわけであるが、収益・費用には様々な性格・種類のものがあるため、それらの性格・種類に応じて一定の区分を設け、段階的な損益を計算することが有用であると考えられている。

具体的には、「**売上総利益**」が最も直接的かつ主要な営業活動（商品販売等）からの粗利益、「**営業損益**」が主要な営業活動からの損益、「**経常損益**」が営業外であるが経常的な収益・費用まで

図表4　損益計算書の例

損益計算書
（自　令和2年4月1日　　至　令和3年3月31日）

（単位：　千円）

科目	金額	
売上高		1, 902, 698
売上原価		888, 411
売上総利益		1, 014, 287
販売費及び一般管理費		815, 106
営業利益		199, 181
営業外収益		
受取利息及び配当金	150	
有価証券利息	597	
その他	3	750
営業外費用		
支払利息	93	
その他	5	98
経常利益		199, 833
特別利益		
固定資産売却益	10	
その他	5	15
特別損失		
固定資産除却損	123	
その他	13	136
税引前当期純利益		199, 712
法人税、住民税及び事業税		79, 007
法人税等調整額		△3, 444
当期純利益		124, 149

を考慮した（臨時で特殊の項目のみを除いた）経常的な損益、そして「当期純利益（損失）」が（臨時的なものを含めた）すべての項目を考慮した最終利益であると説明されている。

なお、図表4は非金融業種の損益計算書の例であるが、投資している有価証券からの利息・配当金は**営業外収益**、自社の金融債務（借入金や社債）に対して支払う利息は**営業外費用**となる。**特別利益・特別損失**は、概ね「臨時的な性質」で「金額的に重要」なものが計上される。土地や有価証券を売却した場合の損益や減損（価値が大きく減少した状態）による損失の計上がよくみられる（計算規則88条2項および3項参照）。

(2) 貸借対照表からみた損益の意味

会計の観点から必ずしも厳密ではないものの、損益（収益・利益と費用・損失）とは何かを理解するうえで分かりやすい方法として、貸借対照表からのアプローチを紹介する。

1(1)で述べたように（p.11）、貸借対照表においては、

「資産＝負債＋純資産」

の関係式が成立する。これを変形して「**資産－負債＝純資産**」となる。この純資産が増加する要因が収益・利益であり、純資産が減少する要因が費用・損失と考えることができる。ただし、純資産の増減が株主との間の取引（資本取引）となるものを除く。資本取引以外の理由で純資産が増減するのは企業活動によるものであり、企業活動の成果を測定するのが収益・利益と費用・損失である。

そしてこの関係式から、純資産が増加する場合とは「資産－負債」が増加する場合である。よって、資産が増加するかまたは負

債が減少すれば、純資産が増加することなるため、収益・利益を生み出すことになる。反対に、資産が減少しまたは負債が増加するのは費用・損失である。

重要なのは、つねに「資産－負債」全体の影響を観察し、プラスであれば収益・利益であり、マイナスであれば費用・損失であると考えることである。たとえば、銀行から１億円借入れをすれば現金預金という資産が１億円増加するが、このように増やした資産１億円は収益・利益とならない。理由は、借入金という負債が同額増加しており、「資産－負債」の金額に変化がないためである。また、取引によっては、資産と負債の両方が同時に変動することがある。しかしその場合にもつねに「資産－負債」の全体を観察することが重要である[5)]。たとえば、１億円の借入金について、8,000万円を一括弁済する代わりに残債務を免除してもらったとする。資産が8,000万円、負債が１億円減少するので、「資産－負債」全体でみると2,000万円増加している。よって、全体では利益（この場合は債務免除益という特別利益が計上される）が発生していることとなる。

(3) 資産を費消すると費用となるというイメージ

損益計算書上の収益・費用は現金の収入・支出とは違うタイミングで計上される。たとえば費用は発生したとき（発生主義）に

5） 難しいのは、それぞれの取引（事象）が発生したときに、いつ、いくらの資産・負債の変動を認識するのか（認識の時期と金額の測定）は会計ルールによって決まることである。そのため、個々の取引（事象）においてそもそも収益・利益や費用・損失が生じるのかどうかを正確に判断するには会計上の知識が必要となるが、まずは収益・利益や費用・損失につきこのように大まかに理解しておくと損益計算書の全体像がつかめるのではないかと考える。

計上され、「発生時」とは現金の支出時とは必ずしも一致しない。

まずイメージとしておさえておくとよいのは、「**資産は費消したら費用となる**」ということである。(2)でも説明したように、貸借対照表に計上されるような資産が費消した結果なくなってしまえば、「資産－負債」は減少する。その減少分は費用となる（企業活動のために、その資産の効用を発揮するように使用し、便益を得た結果その資産がなくなった場合は、損失ではなく費用と表現するのが慣例である）。たとえば10万枚の封筒を100万円で購入し、案内書類を封入して得意先に発送したら、封筒という資産を費消したことになり、100万円の費用（消耗品費）が計上される。

さらにこれを発展させて、物品だけでなく、役務（サービス）の費消も費用になる。タクシーに乗れば交通費、一定期間建物や物品を賃借すれば賃料、保険に加入すれば保険料が発生するが、これらはそれぞれサービスを受けた（費消した）ことから費用である。イメージとしては、一瞬資産として認識して同時に費消して費用になると考えてみると上記の物品の費消の場合とパラレルに理解しやすい。

封筒を買っても使っていなかったら資産のままである。さらに、役務の提供を受けるために対価を支払ったが、実際の役務の提供を受けていない場合も資産があると会計上は考える。追加で対価を支払うことなく、役務という経済的利益が得られるからである（法的には、役務提供請求権という財産権があると考えてもよいと思われる）。これまで述べたように、役務は、対価を支払ったから費用となるわけではなく、費消する（役務の提供を受ける）から費用となる。対価を支払ったのに役務の提供を受けていない場合は、何の費消もなく、資産の形が変わっただけと考える。会計上は次の2種類がある。

- **前渡金**：商品等の購入代金を支払ったが物品を受領していない場合
- **前払費用**：一定期間継続して提供される役務の対価の前払いのうち、役務が提供されていない期間に対応するもの。（例）家賃や保険料の前払いのうち未経過分

図表3（p.12）には前払費用が20,000千円計上されているため、このような、一定期間にわたる継続的な役務に関する対価の前払いがあることを示している。

なお、これとは逆に、物品の購入／役務の提供を受けたのに対価を支払っていない場合は負債となる。

- **未払金**：物品を購入し、引渡しを受けたのに代金を支払っていない場合や、一時点（短期間）に費消する（提供される）役務の提供をすでに受けたにもかかわらず対価をまだ支払っていない場合。（例）交通費や外注費の未払分
- **未払費用**：一定期間継続して提供される役務の対価の未払分のうち、すでに役務が提供された期間に対応するもの。（例）既経過の賃借期間に対応する家賃未払分

(4) 損益計算目的からみた固定資産の資産性（減価償却費）

(3)をさらに発展させたものとして減価償却費を考えることができる。

損益計算書の減価償却費（通常は「**販売費及び一般管理費**」に含まれる。）は貸借対照表の固定資産と関連する。固定資産にはたとえば建物、機械、車両、備品等が含まれるが、５年間使用できる備品を例にとる。これは、５年間という長い期間をかけて資産を費消していると考え、５年間という期間全体に対応する費用と考える。

しかし、決算は少なくとも事業年度（1年）単位で行う必要があるため、途中で区切った特定の事業年度における費用というのを算定する必要がある。5年間の費用全体は、その固定資産の購入代金（**取得価額**という）である（正確には、5年間使用した後も処分価値があれば、それを残存価額として控除した残りの部分が5年間全体で費用となるべき金額である）。それでは、1年経過した時点で決算した場合、その事業年度に対応する費用はどう計算するか。それが**減価償却**とよばれるプロセスで、「5年間全体で費用とするもの」のうち、「当該事業年度分（1年分）の費用」とする部分を一定のルールに基づき計算する。これが減価償却となる。一定の方法により計算された当事業年度分の費用が減価償却費となり、損益計算書に計上される。また、当事業年度までの（過去の事業年度からの）減価償却費の合計（累計）が減価償却累計額となり、貸借対照表に固定資産の控除（マイナス）項目として計上される（計算規則79条参照）。

そのため、固定資産の貸借対照表価額の意味は、今後減価償却費として損益計算書に費用計上されるもの（未費用化分）という意味合いが強い（ただし、資産価値そのものが著しく低下した場合には、減損という手続により減価償却よりも早く貸借対照表価額が切り下げられる場合もある。）。

図表3（p.12）の事例でいうと、機械と建物で合計230,000千円が計上されており、これは取得価額（購入金額）を表す。減価償却累計額が30,000千円であり、これが当事業年度までに減価償却された金額の累計を表す。残額の200,000千円が今後一定期間をかけて減価償却費として今後の損益計算書に計上されることを示している。

なお、土地は減価償却の対象とならない点も併せて覚えておきたい。

また、これまでは固定資産の中でも**有形固定資産**について述べたが、**無形固定資産**も概ね似た考え方である。ただし、無形固定資産の場合は減価償却ではなく償却といい、償却した額を無形固定資産の額から直接控除する（計算規則81条参照）。**繰延資産**も無形固定資産と考え方が近いが、繰延資産は法的な意味での換金・処分価値がないという点で無形固定資産とは異なる（そのため擬制資産といわれることもある。）。

(5) 損益計算目的からみた棚卸資産の資産性（売上原価）

棚卸資産（商品、製品等）は流動資産であるが、費用となる資産であると意味で固定資産と似ている。法的には、製品や商品の販売は動産と現金という異なる資産を交換する取引であるが、会計上は「売上高」と「売上原価」という総収益、総費用をそれぞれ記録・表示するために少し別の捉え方をする。第1に、商品を販売し代金債権（売掛金）を獲得した際には、この金額（売買代金）全額が一定のルールのもとで収益（売上高）となる。第2に、販売した商品（棚卸資産）の会計帳簿上の価額を、売上原価として費用計上する。

固定資産は使用に応じた分が費用、棚卸資産は販売に対応する分が費用となり、共にいくらの現金が得られるかではなく、いくらが今後の損益計算書において費用計上されるかに関する情報を与えてくれる（その意味で、金銭債権を**貨幣性資産**というのに対し、棚卸資産と固定資産を**費用性資産**ということがある。）。

このように、これらの資産が将来の費用化のために貸借対照表上表示されるということは、将来収益を獲得する能力があるという意味であり、ここに換金・処分可能性の有無にかかわらず貸借対照表上資産として計上できる正当性があることになる。

⑹ 繰延税金資産／負債

貸借対照表には**繰延税金資産／負債**という項目が計上されていることがよくある（**図表3**（p.12）の例では、固定負債として繰延税金負債が計上されている）。これがどのようなものであるのかのイメージをもっていることは役に立つと思われるので、概要を説明したい。

繰延税金資産／負債は、「**税効果会計**」という会計上の考え方に基づき固定資産（投資その他の資産）または固定負債として計上されるものである（計算規則74条3項4号ホ、75条2項2号ホ参照）。会計と税務は制度目的が異なるため、会計上の税引前利益と税務上の課税所得とは一致しない[6]（たとえば、損失の先取りにあたる引当金の繰入れや含み損の認識は税法上容認されないことが多い。）。この差異の結果を何も調整しなければ、会計上の税引前利益と実際の納税額には直接の対応関係がなく、税引後の最終利益（会計上の税引前から実際の納税額を控除したもの）が企業の経営成績を反映しているとは言い難い。

ごく一部の例外を除き、会計上の税引前利益と税務上の課税所得とが一致しない理由は、会計上の（税引前）利益を構成する「収益」「費用」の計上時期と、税務上の課税所得を構成する「**益金**」「**損金**」の計上時期が一致しないことによる（一時差異という。）。そのため、大局的にいえば、たとえば会計上の税引前利益が1億円、税率が40％であれば、遅かれ早かれ、1億円×40％＝4,000万円は税金としての支払を覚悟しなければならない。し

6） なお、**第3章Ⅲ**1⑵（p.136～）も参照。

かし、それが税法の特別な規定によって、その年度に納付する税金が2,000万円の場合もあれば7,000万円の場合もある。この影響に振り回されて、税引後の最終利益が8,000万円であったり3,000万円であったりするのが、果たして最終利益として適正なのかという問題意識から、税効果会計が生まれた。(3)に述べたように（p.19）、費用の計上時期は支出時ではなく発生（資産の費消）の時期であった。同様の発想を税金にも及ぼす。納税時期が損益計算書上の税金の計上時期であるという従来の枠を超えて、税金が課される対象となる利益が発生している時点で税金を一種の費用として認識しようとする発想である[7)]。

税効果会計では、当期の会計上の税引前利益に対応すると認められる部分（基本的には法定実効税率という一定の率を乗じたものに相当）が会計上あるべき税金費用となることを目指して必要な調整を行う。上記の例でいえば、1億円の税引前利益が計上されたのであれば会計上は、4,000万円を税金費用として計上するという考え方である（図表5参照）。もしも実際に確定申告により計算した納税額が仮に2,000万円であったとしたら、4,000万円－2,000万円＝2,000万円の税金は、今年度の（税引前）利益の見合いとして、今後納税が必要と見込まれる、つまり負債と考えることになる（これが繰延税金負債となる）。反対に、実際の納税額が7,000万円であれば、7,000万円－4,000万円＝3,000万円

7） 細かい点ではあるが、税効果会計の目的について経理・会計の専門家と会話する場合、上記の説明は厳密には正確性を欠く。正確には、会計と税務の計算の差異に起因する将来の税金負担（繰延税金負債）または将来の税金負担軽減効果（繰延税金資産）を適切に算定することが税効果会計の直接の目的であり、その結果として当期の税引前利益に対応する税金費用が適正に計算されることとなる。

図表5　税効果会計の概要（実効税率40%）

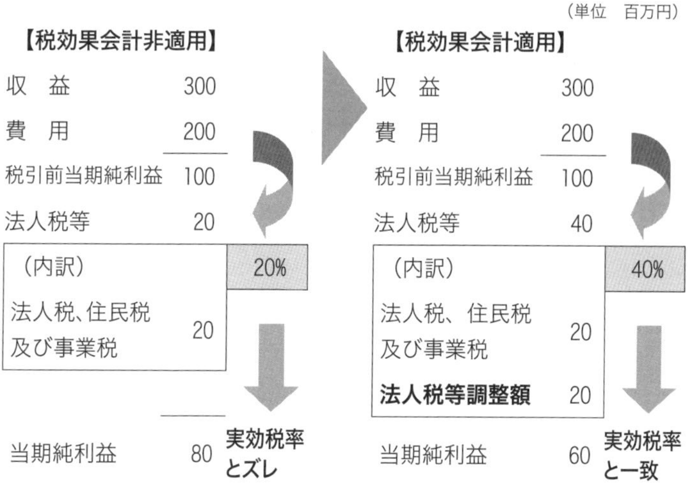

（単位　百万円）

【税効果会計非適用】

収　益	300
費　用	200
税引前当期純利益	100
法人税等	20
（内訳）	
法人税、住民税及び事業税	20
当期純利益	80

20%　実効税率とズレ

【税効果会計適用】

収　益	300
費　用	200
税引前当期純利益	100
法人税等	40
（内訳）	
法人税、住民税及び事業税	20
法人税等調整額	20
当期純利益	60

40%　実効税率と一致

の税金を払い過ぎていることになる。しかし、先に述べたように、会計上の利益と税務上の課税所得の違いが原則として計上時期（発生時期）の差にすぎないのであるとすれば、この3,000万円というのは払い過ぎた税金ではなく、将来の会計上の利益の見合いとして納税が必要なものを先に払った前払分と考えることができる。これは将来の納税負担を軽減できる、つまり資産と考えることになる（これが繰延税金資産となる）。貸借対照表は、このように、法的な財産権・法的債務とまではいえないものの、それを保有しているのと匹敵するような経済的効果が得られること、または経済的負担が生じることが見込まれるのであれば、法的な財産権や法的債務と並べて資産・負債として計上されるものであることを理解しておくことが有用である。

3 連結貸借対照表と貸借対照表の違いを理解する

既存の法人格の枠をいったん捨て去り、仮に企業グループ全体が一つの法人格を有する会社であると仮定して作成したものが連結計算書類であると考えて差支えない（親子会社間の取引は本支店間の取引と同様、同一法人の内部での事象でしかないと考える。）。そのため、概念的には、自社（親会社）と（連結）子会社全体の資産と負債がすべて連結貸借対照表に計上される。自社（親会社）が金融機関から借り入れても、子会社が金融機関から借り入れても、連結貸借対照表上は「借入金」という負債として区別なく表示される。

なお、完全子会社ではない子会社（たとえば、議決権の総数の60％程度しか保有しておらず、少数株主が残りの40％を保有しているような子会社）が保有する資産や負債であっても、その全部（全額）が親会社自身の資産や負債と合算されて連結貸借対照表に表示される点に注意が必要である（決して、資産や負債の60％部分だけが表示されているわけではない）[8]。これは、議決権保有割合や出資割合にかかわらず、子会社を支配しているということは、親会社自身の資産・負債と同様、その子会社の資産・負債を親会社が自己の意思に従って利用し、取得（負担）し、処分（消滅）することができるからであり、その経済的効果や負担がすべて親会社に帰属するかどうかが問題とされているわけではないこ

8） 連結計算書類の世界では、「子（会社）の財産はすべて親（会社）の財産、子（会社）の借金はすべて親（会社）の借金」というイメージが整合する。子（会社）への仕送り（出資）の程度に関係しない。なお、同様の理由で損益計算書も合算される。「子（会社）の売上は親（会社）の売上」であり、収益・利益も費用・損失も同様に合算される。

とによる。これに対して純資産の部は、子会社に対する出資主体が親会社であるかそれ以外の少数株主であるかによって区分が行われるため、連結貸借対照表は資産・負債の部 と純資産の部では観点が異なることとなる（後記Ⅳ参照）。

Ⅳ　貸借対照表における純資産の部の読み方の基礎

1　純資産の部の構造

純資産の部は、株主に帰属する資本である株主資本（拠出資本および剰余金（利益の累積）の２種類に分けられる）とそれ以外（評価・換算差額等、株式引受権および新株予約権）とに分けられる（計算規則 76 条１項１号参照）（図表６参照）。現在の「純資産の部」に属するものは、負債に該当しないものが広く該当するように整理されており、必ずしも共通の性質を有するものではない（株式引受権・新株予約権に関する後記4（p.37）参照）。

株主資本は、①会社法の要請に基づく資本金・準備金・剰余金の峻別と②会計上の要請に基づく資本剰余金と利益剰余金の峻別の掛け合わせにより区分されている（図表７参照）。会社法上の区別が要求されるのは、株主への分配の原資となる剰余金と、債権者保護の観点から会社財産として維持し、減少のために特別の手続を法令上要求している資本金と、資本金を補完するための準備金とを区別することが重要であることによる。これに対して、会計上の区別の要請は、いわゆる「もとで」（資本）と「もうけ」（利益）を読み手が区別できるような内容の決算開示とすることにより会社の業績に関する読み手の判断を誤らせないようにするためのものである。

図表6　純資産の部の概要

<table>
<tr><td rowspan="7">純資産</td><td rowspan="4">株主資本</td><td>資本金</td></tr>
<tr><td>資本剰余金</td></tr>
<tr><td>利益剰余金</td></tr>
<tr><td>(△自己株式)</td></tr>
<tr><td>評価・換算差額等</td><td></td></tr>
<tr><td>株式引受権</td><td></td></tr>
<tr><td>新株予約権</td><td></td></tr>
</table>

図表7　株主資本の分類（会社法上の分類と会計上の分類）

<table>
<tr><td colspan="2" rowspan="2"></td><td colspan="3">会社法上の分類</td></tr>
<tr><td>資本金</td><td>準備金</td><td>剰余金</td></tr>
<tr><td rowspan="4">会計上の分類</td><td rowspan="2">資本性</td><td rowspan="2">資本金</td><td colspan="2">資本剰余金</td></tr>
<tr><td>資本準備金</td><td>その他資本剰余金</td></tr>
<tr><td rowspan="2">利益性</td><td rowspan="2">—</td><td colspan="2">利益剰余金</td></tr>
<tr><td>利益準備金</td><td>その他利益剰余金</td></tr>
</table>

評価・換算差額等の典型例は持合株式の含み損益（**その他有価証券評価差額金**）である[9]。含み損益（未実現損益）を、実際に売

9） 連結貸借対照表においては、「評価・換算差額等」ではなく「その他の包括利益累計額」という異なる名称が用いられている。後記⑦参照(p.42)。

却した際の損益（実現損益）と区別せずに当期の業績に含めてしまうことは適切ではない一方で、有価証券の含み損益の状況が財政状態に一切反映されないのも情報不足であると考えられる。そのため、現行制度では、原則として有価証券の含み損益は損益計算書には取り入れないが貸借対照表上は表示されることとなっており（いわゆる「全部純資産直入法」）、その結果、含み損益の金額がその他有価証券評価差額金として、剰余金とは区別して表示されている。

2 貸借対照表における資本金の意味

(1) 資本金の構成要素

会社法上、**資本金**は以下の場合に増加することとされている（図表8参照）。

- 新株発行の対価として金銭等の払込・交付を受けた場合（会社法445条1項、2項、計算規則13条～21条）
- 組織再編（合併等）に際して新株発行の対価として財産を受け入れた場合（会社法445条5項、計算規則35条～52条）
- 準備金を減少させ、その全部または一部を資本金とすることを定めた場合（会社法448条1項、計算規則25条1項1号）
- 剰余金を減少させ、資本金の額を増加することを定めた場合（会社法450条1項、計算規則25条1項2号）

しかし、これらの場合においても、増加する資本金の額の決定には会社の裁量が働き、一律な取扱いとはなっていない。単純な例としては、新株を発行して金銭の払込みを受けた場合、払込金額の2分の1以下の金額は資本金ではなく**資本準備金**とすることができる（会社法445条1項～3項）。そのため、たとえば新株発行によりある会社の資本金が1億円増加したという場合、新株発

図表8　新株発行による純資産（資本金）の増加

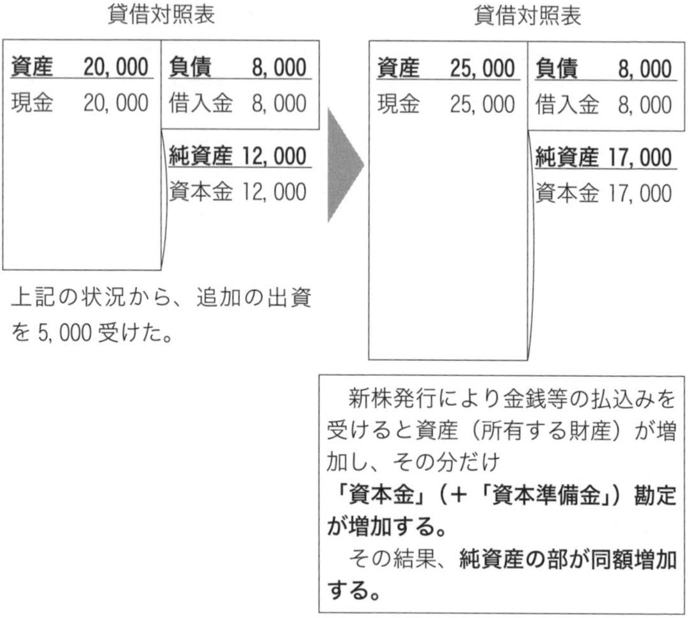

貸借対照表

資産　20,000	負債　8,000
現金　20,000	借入金　8,000
	純資産 12,000
	資本金 12,000

上記の状況から、追加の出資を5,000受けた。

貸借対照表

資産　25,000	負債　8,000
現金　25,000	借入金　8,000
	純資産 17,000
	資本金 17,000

新株発行により金銭等の払込みを受けると資産（所有する財産）が増加し、その分だけ
「資本金」（＋「資本準備金」）勘定が増加する。
その結果、**純資産の部が同額増加する。**

行による払込金額は1億円以上2億円以下であるということしか推測できない（これだけの情報では、払込金額を確定することができない）。さらに、資本金の額を減少させることができること、また利益剰余金を減少させて資本金を増加させることができること等を踏まえると、過去の累積の払込金額（または少なくともその2分の1以上の額）のすべてが資本金として維持されているとも限らないし、また、資本金の額がすべて新株発行等の対価として会社に払い込まれた金銭等の額であるかどうかも確定できないこととなる。唯一確実にいえるのは、資本金が10億円の会社は、純資産が10億円以下のうちは、資本金を減少させない限り株主

に対して剰余金の配当を行うことができないということである。

(2) 資本金の減少

資本金は、会社法が定める手続を経なければ減少させることができない（会社法447条・449条参照）。会計では、これに忠実に、資本金の減少の効力発生日になってはじめて資本金を減少させることができる（計算規則25条2項参照[10]）。

商法のように有償減資・無償減資という区別がなくなった会社法において、資本金・準備金の減少とは何かという問いに会計から答えるとすれば、資本金・資本準備金を「その他資本剰余金」に、利益準備金を「その他利益剰余金」に、それぞれ振替ることをいう。これによって、分配可能額の計算に含めることができず債権者のために拘束されていた「資本金・準備金」は、債権者の保護に反しないという会社法上の判断のもとに、株主のために還元できる剰余金に変更する（分配可能額の計算の中に入れる）ことができることとなる。換言すると、資本金・準備金の減少とは、分配可能額を増やすための手続（分配制限の拘束を解く手続）と評価できる。

資本金の額を減少させると、減少額は「資本準備金」または「その他資本剰余金」（つまり、資本剰余金）のどちらかに振り替えることしかできない（会社法447条1項、計算規則26条1項1号、27条1項1号）。たとえば、資本金の額を減少させ、その分を利益剰余金（利益準備金・その他利益剰余金）に振り替えることはできない（**図表9**参照）。

---

10) この点は基本的には準備金（資本準備金・利益準備金）についても同様である。

図表9　資本金の減少と他の項目との振替

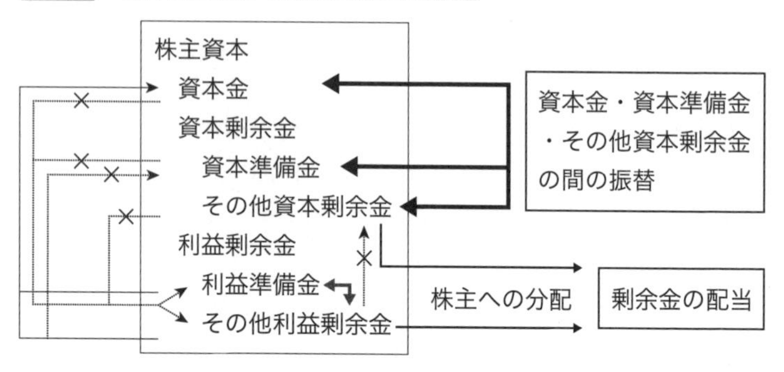

資本金の額を減少させると、資本剰余金になる。これは株主資本の内部での振替えであり、株主資本の合計額に変化があるわけではない
また、資本金／資本準備金／その他資本剰余金を利益剰余金（利益準備金／その他利益剰余金）に振り替えることはできない。

従来の商法の有償減資のように、拠出資本を株主に返還したいと考える場合、資本金を減少させていったん「その他資本剰余金」を増加させ、今度は会社法上の「剰余金の配当」の手続により、株主に還元したいと考える額だけ「その他資本剰余金」を減少させる（同額の金銭等が株主に分配される）という手順を踏むこととなる（無償減資＋剰余金の配当）。このため、会社法において「剰余金の配当」とは、いわゆる「利益配当」に限ったものではなく、株主関係に基づいて（株主としての地位を根拠として）会社財産を株主に交付する手続をすべて一本化したものであることが分かる。

Column 1-3　資本剰余金と利益剰余金の区別の適用範囲

会計上、資本剰余金と利益剰余金の混同が禁止されている。払込資本とその成果である利益との区別ができないと企業活動の成果（その会社がどの程度もうかったのか）を適切に測定できないからである。

単純に理解すると、「資本 ××」という項目と「利益 ××」という項目との間で金額の振替（移動）をすることができない……と言いたいが、この考え方が必ずしも徹底されているわけではないため補足したい。

会社法上、利益剰余金項目（利益準備金およびその他利益剰余金）は、資本金に組み入れることが認められている（会社法 448 条 1 項および 450 条 1 項）。

その理由として個人的に最も説得力があると思われるのは、利益剰余金から株主に対して配当（利益の配当）を行い、株主がそれを再度会社に出資すると考えれば資本金が増加するが、これを一体として評価すれば利益剰余金を資本金に振り替えたのと実質的に同じであるというものである。そうであれば、実際に株主との間で資金の授受を行うことなく、端的に利益剰余金を資本に振り替えることを認めても差支えないということである。これによって、その他利益剰余金を資本金に組入れ、さらに資本金を減少する手続を行えば、結果的にその他利益剰余金をその他資本剰余金に振り替えることが一応は可能となる。

これは株式配当、または諸外国では配当再投資（dividend reinvestment）ともよばれ、経済合理性もあるため、この場合に会計上の資本と利益の混同を懸念する必要はないと思われる。このような状況を踏まえ、利益と資本との振替の禁止については上記のような例外がある。

なお、個人的には、利益剰余金の資本への組入れは、上記のような株式配当としての株式の発行（典型的には、株式の無償割当て）を現実に伴う場合に限って容認すれば足りると思われるが、現在の会社法は、株式の発行（株式の無償割当て）と利益剰余金の資本への組入れを独立した制度と整理しているため、それぞれの制度を別々に適用することができる。

ここでは、利益剰余金の資本への組入れを原則に対する例外という位置づけで紹介したが、論者によっては、そもそも何が原則なのか（つまり、資本剰余金と利益剰余金の混同が禁止される範囲はどこまでなのか）自体はっきりしていないという意見もある。会計制度と会社法の両方にまたがる難問の１つである。

3 貸借対照表における自己株式の意味

(1) 自己株式の取得

会計上、**自己株式**の性格は難しい論点であり、その考え方も時代とともに移り変わってきた。旧商法下では、当初自己株式の取得は限定的であり、また仮に取得したとしても速やかに処分することが義務づけられていた。自己株式は、処分すれば対価として金銭等が得られるものであり、処分の相手方からすれば、新株と同様、金銭等の資産を会社に交付して取得する価値がある資産である。このようなことから、自己株式は短期間で現金化できるという意味で流動資産と考えられていた。

その後、従業員等に対するストック・オプション目的に限り、長期間にわたり自己株式を保有することが認められる場合があることから、その限度において自己株式は固定資産に分類されることもあったが、いずれにしても自己株式は資産と考えればよいというのが過去の考え方であった。

ところが、平成13年の商法改正によりいわゆる金庫株が解禁され、自己株式は、取得したものの、必ずしもすべてが処分されて現金化されることが確実であるとはいえなくなった。そこで、同様に金庫株制度を採用している諸外国の会計の考え方を踏まえ、自己株式の取得は、資産の株主への還元であることから、端的に純資産の減少と考えるべきと整理された。

考え方としては、株式等の発行による増資は、株式会社が自社の株式を投資家に交付し、その見返りに金銭等を受領し、株主関係が形成される。自己株式の取得は、株主がその保有する株式を発行会社に交付し、その見返りに金銭等を受領し、その範囲内で株主関係が終了する。自己株式の取得は、このような意味で、株式等の発行による増資の巻き戻し（逆）の取引であると考えれば、株式等の発行による増資によって（資本金の増加を通して）純資産が増加するのであれば、その巻き戻し的な自己株式の取得によって、純資産が減る結果となるのが整合的なのではないかということであろう（図表10 参照）。

図表10　自己株式の取得による貸借対照表の変化（例）

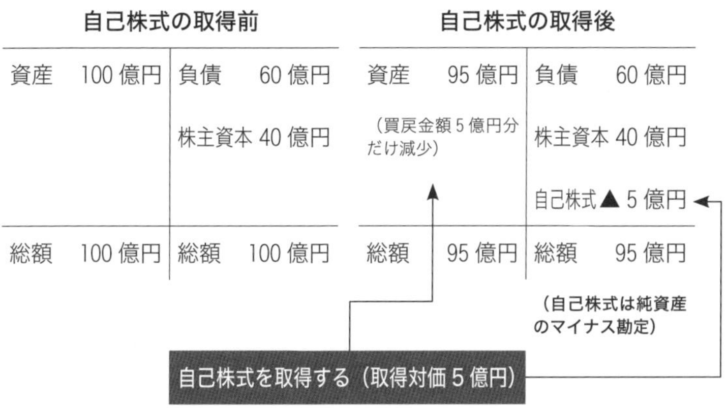

自己株式の取得前		自己株式の取得後	
資産　100 億円	負債　60 億円	資産　95 億円	負債　60 億円
	株主資本 40 億円	（買戻金額 5 億円分だけ減少）	株主資本 40 億円
			自己株式▲ 5 億円
総額　100 億円	総額　100 億円	総額　95 億円	総額　95 億円

（自己株式は純資産のマイナス勘定）

自己株式を取得する（取得対価 5 億円）

自己株式の取得により、純資産は 40 億円から 35 億円に減少する。

この結果として、自己株式を取得すると、自己株式という勘定科目（純資産の部におけるマイナス勘定）が現れ、この科目の金額が、自己株式の取得対価の分だけ増額することとなるが、これは純資産全体の控除項目として貸借対照表の純資産の部に表示される（計算規則76条2項参照）。自己株式を本当に巻き戻しと考えれば自己株式の取得によって資本金が減少するという考え方もあるところではあるが、資本金は債権者保護手続を含め、会社法に定める手続を経なければ減少させられないという法令上の制約があること、また金庫株という状態は、再度自己株式を処分する方向性と、株式の消却によってその株式を確定的に消滅させる方向性のどちらとも決まっていない暫定的な状態であるため、資本金その他の数字を動かさず、しかも純資産は減少させるという目的を達成するために、技術的に、自己株式は純資産のマイナス項目として整理し、それが国際的に定着するに至ったと推察される。

⑵ 自己株式の処分

自己株式を処分すると、処分した自己株式の帳簿価額の分だけ、自己株式の科目の金額が減少する（純資産のマイナス項目の金額が減るので、純資産自体は増加することとなる）。一方で、自己株式の処分による対価としての資産（現金等）の流入により、貸借対照表の資産の部が増加する。両者の金額が一致するとは限らない。この差額は、新たに株主となる者との間の取引（資本取引）から生じるものであるため、損益とはしない。結果的に、資本剰余金のうちの「その他資本剰余金」の増減として処理される（計算規則14条2項、24条2項参照）。

会社法445条1項は、株式会社の資本金の額の基礎は「株式の発行」による払込金額と規定しているが、会社法は、「株式の発行」と「自己株式の処分」とを区別している（会社法210条等参照）。そのため、自己株式の処分によっては資本金が増加しない点に留意が必要である。そして、同様の理由で、自己株式の処分によって資本準備金も増加しない（会社法445条3項参照）。その結果、純資産のうち、資本性（会社が営業活動によって得た利益という性格ではないため）であって、かつ、資本金でも資本準備金でもないものとなると、「その他資本剰余金」という科目の金額とするしかないことになる。これが計算規則に具体的に定められている。

(3) 自己株式の消却

自己株式を消却する場合は、消却する自己株式の帳簿価額を減少させるとともに、同額の「その他資本剰余金」が減少する（計算規則24条2項、3項）。自己株式の消却は、経済的には上記(2)で自己株式を処分したときに、仮に処分対価がゼロであったとした場合と効果が類似する点を踏まえると、この自己株式の消却の処理は自己株式の処分と整合的であることが分かる。

4 貸借対照表における株式引受権・新株予約権の意味

新株予約権は、（行使条件が満たされることを前提とすれば）これを行使し、あらかじめ定められた財産を交付すれば株式の交付を受けることができることから、潜在的な株主の地位であるということができる。しかし、現に株主ではないことから、会社法上も新株予約権者は債権者の一種であると考えられている。

会計上、新株予約権の位置づけが問題となるが、新株予約権の発行対価として得た金額は、株主からの出資ではないため、資本金および資本準備金には計上されない。他方で、この金額は、一般的は法的債務のように、返済義務を負うものではない。確かに、会社法上、新株予約権が行使された場合、株式会社は自社の株式を交付する義務があるが（会社法2条21号参照）、既に述べたように、新株を発行する場合であっても、自己株式を処分する場合であっても、会社財産の社外流出を伴わない点で、負債ではないと考えられている。純資産の部は、負債に該当しないものを包摂する区分という位置づけであることから、新株予約権は、ひとまず純資産の部に属することになるが、株主からの出資とは区別する必要があるということから、純資産の部の中の、株主資本からは切り離して、新株予約権という科目で表示されることとなる（計算規則76条1項参照）[11]。役員や従業員に対して付与されるストック・オプションも新株予約権として表示される。

また、2021年3月1日に施行された改正会社法により、上場会社に限り、金銭の払込みを要しないで取締役等（取締役および執行役）に対して報酬目的で株式を無償で交付することが新たに認められるようになった（会社法202条の2参照）。この仕組みを用いた取締役等に対する株式報酬のうち、いわゆる事後交付型（取締役等が一定の期間にわたる役務の提供を完了した後に株式の割当てを受ける場合）においては、「**株式引受権**」という科目が現れる。これはストック・オプションを付与する場合には新株予約権であるが、事後交付型の株式報酬では、まだ株式の割当てがなされていないものの将来株式の割当てを受けることができる権利という意味で新株予約権に近いものの、会社法上の新株予約権では

11）新株予約権を発行会社が取得した場合には、「自己新株予約権」となるが、これは新株予約権の控除項目という位置付けにされる。自己株式の取扱いと類似したものである（計算規則76条8項参照）。

ないことから、表示名を変えたものである。ただその経済的実態が新株予約権に近いことから、会計上の株式引受権の振舞いは新株予約権とほぼ同様と考えて差支えない。

5 剰余金の源泉

その他資本剰余金は主として次のような理由により増減することとなる（計算規則27条参照）。

- 資本金または資本準備金を減少させる場合：減少額と同額がその他資本剰余金となる
- 自己株式を処分・消却した場合：処分した自己株式の帳簿価額（自己株式の取得価額と考えてよい）と自己株式の処分の対価として払い込まれた額との差額がその他資本剰余金の増減となる

その他利益剰余金は主として次のような理由により増減することとなる（計算規則29条参照）。

- 利益準備金を減少させる場合：減少額と同額がその他資本剰余金となる
- 決算により当期純利益・当期純損失が発生した場合：その他利益剰余金が同額増減する

その他利益剰余金は、いわゆる内部留保（過去の利益の累積額）に相当する。決算を行い、最終利益（当期純利益）が確定すると、同額がその他利益剰余金に振り替えられることとなる。この点について補足したい。

貸借対照表は事業年度の末日時点の資産・負債・純資産の各項目とその金額を記載し、「**資産－負債＝純資産**」の関係が成り立つことはすでに説明した。資産と負債は一時点の金額であり、企業活動に応じて常に増減する。そのため「資産－負債」に相当する「純資産」の額は日々変動することになる。貸借対照表の純資産の項目（たとえば資本金、準備金、自己株式等）も日々変動するが、若干の例外がある。収益・利益または費用・損失の発生による純資産の増減は、ただちに貸借対照表の純資産の項目（具体的には「その他利益剰余金」）をその都度増減させるのではなく、いったん収益・利益または費用・損失として集計し、決算手続によって最終損益（当期純利益または当期純損失）を確定したうえで（つまり損益計算書が作成できる状態になったうえで）、この金額を「その他利益剰余金」に振り替えるという作業をしている。そのため、事業年度の途中で商品を販売して売上高（収益）を計上しても、同時に「その他利益剰余金」が変動するわけではない。

なお、これらのルールのほか、合併、会社分割、株式交換等の組織再編によって事業等を承継し、対価として株式を発行する場合にも、その他資本剰余金（および一定の状況においてはその他利益剰余金）が増減することがある。

6　剰余金の配当

剰余金の配当は、文字通り、純資産の部における剰余金（その他利益剰余金／その他資本剰余金）を原資に行われる。つまり、貸借対照表の左側の資産の部から現金、右側の純資産の部から「その他資本剰余金」または「その他利益剰余金」がそれぞれ同額だけ減少するという効果が発生し、会社財産の減少が貸借対照表の縮小（純資産の減少）をもたらす（会社法446条6号、計算規則23条各号参照）。

会社法上の分配可能額（配当が可能な金額の上限）は複雑な計算に基づいているが、出発点としては「その他資本剰余金」と「その他利益剰余金」の金額の合計が目安となる（詳細は後記**V**

図表 11　連結貸借対照表の純資産の部の概要

純資産	株主資本	資本金
		資本剰余金
		利益剰余金
		(△自己株式)
	その他の包括利益累計額	
	株式引受権	
	新株予約権	
	非支配株主持分	

（p.48）参照）。

7　連結貸借対照表の純資産の部の特殊性

(1)　純資産の部の構成

連結貸借対照表の純資産の部の構成は図表 11のとおりである。（単体の）計算書類における貸借対照表との違いとして重要な点は以下のとおりである。

第１に、個社ベースでは重要であった準備金の概念は、連結ベースではさほど重要ではない（分配可能額算定目的ではないことによる）。そのため、1で述べた（p.27）株式資本の①会社法の要請を重視する必要がなく、②会計上の要請のみが考慮される。その結果、資本剰余金のうちの資本準備金とそれ以外（その他資本剰余金）、利益剰余金のうちの利益準備金とそれ以外（その他利益剰余金）の区別が不要である（計算規則 76 条 4 項および 5 項は連結貸借対照表には適用がないことが根拠である）。

第2に、(単体の) 計算書類における「評価・換算差額等」に代わり、「**その他の包括利益累計額**」という科目が用いられる。「その他の包括利益累計額」に該当するものは様々であるが、損益計算書に(実現した) 損益として計上するには適切とはいえない未実現の評価損益が含まれるという意味では「評価・換算差額等」と大きな違いはない。持合株式の含み損益は、連結貸借対照表上は「その他の包括利益累計額」に計上される。これは概念を拡張したものであり、基本的には、未実現の損益であるが、未実現だからといって無視すべきではなく、合理的に測定して表示することが会計上適切と考えられた項目が連結ベースの方が多いということを意味する(計算規則76条7項参照)。

第3に、連結貸借対照表特有の「非支配株主持分」が含まれる点である(後記(5) (p.44) 参照)。

(2) 連結貸借対照表上の資本金

連結貸借対照表の純資産の部の計算は複雑であるが、連結貸借対照表上の資本金の金額は原則として親会社の資本金の金額となると考えて差支えない。子会社に対する株主出資のうち、親会社(または他のグループ会社)の出資によるものは、グループ全体からみればグループ内での資金の移動にすぎず、連結貸借対照表上は無視される。一方、子会社に対する株主出資のうち、親会社(または他のグループ会社)以外からの出資、いわゆる少数株主からの出資にあたるものは、連結貸借対照表の純資産の部において、「非支配株主持分」という別の科目(勘定)で計上される(後記(5) (p.44) 参照)。

この背景には、連結貸借対照表は、確かにグループ全体に関する計算書であるが、これを作成する義務を負うのは親会社であり、会社法上、これを提供する先は親会社の株主であることから、親会社の株主から出資されたものしか、連結貸借対照表上「資本金」と取り扱わないという考え方がある（会計上「親会社説」とよばれる）。グループ経営の考え方によっては、頂点である親会社に対して出資をした株主も、グループ子会社に対して出資をした少数株主も、グループに対して株式出資をしている者という点で変わりがなく、同等に扱うという視点も存在するが、会社法上、連結貸借対照表を含む連結計算書類を、子会社の少数株主に提供することは制度化されていない（つまり、連結計算書類は、子会社の少数株主のためではなく、親会社の株主のためのものである）。このことから、連結貸借対照表の純資産の部において「資本金」とは、親会社の株主からの資本金に限定されるという考え方が採用されている。

⑶ 連結貸借対照表上の自己株式

連結貸借対照表は、（単体の）貸借対照表と「自己株式」の意味が違う点も留意すべきである。（単体の）貸借対照表における「自己株式」とは、株式会社が有する自己の株式であるが（計算規則2条2項5号、会社法113条4項）、連結貸借対照表においては、グループ全体で保有している親会社の株式のうち、親会社の株主に帰属すると評価できる部分（親会社の株式を保有しているグループ会社に対する親会社持分割合）となる。具体的には次に掲げる株式の帳簿価額が、連結貸借対照表上「自己株式」の額として表示される（計算規則76条9項1号）。

・当該株式会社が保有する当該株式会社の株式（つまり、（個別）貸借対照表上と同義のもの）の帳簿価額（同号イ）
・連結子会社ならびに持分法を適用する非連結子会社および関連会社が保有する当該株式会社の株式の帳簿価額のうち、当該株式会社のこれらの会社に対する持分に相当する額（同号ロ）

具体例として、図表12を参照されたい。

⑷ 連結貸借対照表における株式引受権・新株予約権

これまでの資本金・自己株式に関する説明は、実は株式引受権・新株予約権には当てはまらない。連結貸借対照表の純資産の部における新株予約権は、単純に、親会社・子会社のそれぞれが発行した新株予約権の帳簿価額が単純に合算される（ただし、グループ全体を1つの法人とみなす視点であるから、グループ内で相互保有する新株予約権は消去される）。その意味で、新株予約権は、株式よりも借入金等の負債とみなした方が理解を誤ることがないと思われる。株式引受権は新株予約権と同様のものとして設けられたため、基本的には新株予約権と同様に扱われるものと思われる。

⑸ 非支配株主持分

⑴に述べたように、子会社に対する株主出資のうち、親会社（または他のグループ会社）以外からの出資、いわゆる少数株主からの出資にあたるものは、連結貸借対照表の純資産の部において、**「非支配株主持分」**という科目（勘定）で計上される。

Ⅲ③で述べたように（p.26）、完全子会社でない子会社であっても、その資産および負債の全額が連結貸借対照表の資産および負債として計上される。「資産＝負債＋純資産」の等式を維持するためには、純資産には、親会社からの出資だけでなく、子会社

図表12　連結貸借対照表の自己株式

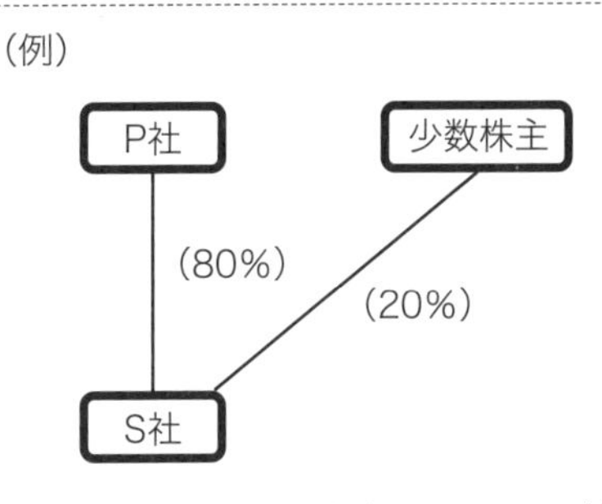

P社の株式（発行済株式総数100株）のうち、P社およびS社（P社が議決権の総数の80%を保有するP社の子会社）が保有している株式の数および帳簿価額が以下のとおりとする。

会社名	保有株式数	帳簿価額
P社（自社）	20株	250
S社（P社の子会社）	10株	100

当然のことながら、会社法上（個社ベースの計算書類上）、P社は20株の自己株式を保有し、その帳簿価額250が純資産の部のマイナス項目として貸借対照表に表示される。

これに対して、連結計算書類上の自己株式は、以下のように計算され、企業集団が保有する自己株式は28株（20株＋8株）であり、その帳簿価額330（250＋80）が純資産の部のマイナス項目として連結貸借対照表に表示される。

<table>
<tr><th>内訳</th><th>保有株式数</th><th>帳簿価額</th><th>連結貸借対照表</th></tr>
<tr><td>P社分</td><td>20株</td><td>250</td><td rowspan="2">自己株式
△330</td></tr>
<tr><td>S社分のうちP社持分相当部分（80%）</td><td>8株</td><td>80</td></tr>
<tr><td>S社分のうち少数株主持分相当部分（20%）</td><td>2株</td><td>20</td><td>非支配株主持分から20が直接減額</td></tr>
</table>

の少数株主からの出資も含めなければならないことは想像がつくところである。

非支配株主持分とは、対象となる会社が最初に連結貸借対照表に組み入れられた決算日（言い換えれば、初めて子会社となったとき。たとえば新規設立日や買収日が該当する。）の子会社の純資産額に非支配株主の持分割合を乗じた額を出発点として、その後対象となる子会社の純資産の増減に合わせて変動する。

たとえば、非支配株主持分は、対象となる子会社が利益を計上して利益剰余金が増加した場合にその持分相当額が増加する。もちろん、対象となる子会社の新株発行に応じて追加出資した場合にも増加する。一方、対象となる子会社が損失を計上して利益剰余金が減少した場合、剰余金の配当を受けた場合、対象となる子会社の親会社に少数株主が保有株式を譲渡した場合等には減少することとなる。このように、子会社の純資産の増減を、持部割合（議決権割合）に応じて、親会社に帰属する分と非支配株主に帰属する部分に分けていくという作業が必要であり、これをすべての子会社について実施するというのが連結会計で最も手間のかかる作業の1つである。

別の例として、親会社自身が1億円の（税引後）利益を計上し、同額の利益剰余金を計上すれば（これは純資産が1億円増加したことを意味する）、当然ながら連結ベースの純資産が1億円増加し、すべてが親会社に帰属する。では子会社が1億円の（税引後）の利益を計上した場合はどうか。この子会社が100%子会社であれば、基本的には同じ結論である。連結計算書類の世界では、親会社も子会社も合算して考えるからである。それでは、100%子会社でない子会社、たとえば議決権を80%保有している子会社の場合はどうか。この子会社が1億円の（税引後）利益を計上したことにより増加する子会社の純資産（厳密には利益剰余金）は、親会社持分の80％に相当する部分のみが親会社（企業集団）の利益剰余金となり、20％部分は非支配株主に帰属する部分として非支配株主持分を増加させる[12)]。

Column 1-4 子会社か否かを判断する際のアプローチ

会計上の「子会社」の定義は会社法上の「子会社」と同様であるため本書では詳細を割愛したが、このような「子会社」の定義によって「子会社」該当性は法律問題でありかつ会計問題でもあるという複雑な構造となってしまった。

子会社とは親会社が財務および事業の方針の決定を支配している会社をいい、議決権保有割合だけでなく人事・資金・技術・取引その他の関係も考慮することとされている（会社法施行規則3条3項参照）。

対象となる会社の議決権の過半数を保有していれば基本的には自社の子会社として認定されるため、実際にはあまり判断に迷うことがない（同項1号参照）。ある会社が自社の子会社となるのかどうかが問題となるのはそれ以外の場合であり、たとえば「その他自己が他の会社等の財務及び事業の方針の決定を支配していることが推測される事実」（同項2号ホ参照）といった要件の解釈が難しい。

12) 非支配株主持分の金額が大きいということは、連結ベースの純資産に対する子会社の少数株主の出資の寄与が大きいということである。そのため、あくまで一例であるが、純資産の額に対する非支配株主持分の額の割合を計算し、その比率を年度間で比較する、または同業他社と比較する分析を試みるのも1つの方法である。この割合が相対的に高い場合には企業集団における子会社の少数株主の貢献が大きいわけであるから、少数株主対策として、少数株主の声に十分に耳を傾けるといった工夫を試みる価値があるのではないかと思われる。

現実には、対象会社を自社の子会社としたい／したくないという強い意図・要望が先に存在していることが多い。たとえば、A社とB社の2社がジョイントベンチャーのC社を設立する場面を考える。C社をA社の子会社とし、B社の子会社とはならないようにしたいが、A社がB社の意向に反してC社の事業を勝手に運営することがないよう、B社としてはできる限りC社の経営に関与したいと考えている。A社にとってB社は重要なパートナーであるからB社の希望に配慮して、B社による一定の関与をジョイントベンチャー契約上の権利として認めることとしたい。そのような場合でもA社はC社を自社の子会社としてよいという意見を外部専門家から入手したいと考えることがある。

個人的にはこのような状況におけるベストプラクティスは、会計専門家、できれば自社の会計監査人に早い段階から論点を説明して子会社該当性に関する会計監査人の心証を確かめたうえで、必要に応じて、会社法上の子会社の定義規定へのあてはめにつき法律専門家にも照会することであると考える。あくまで個人的な印象であるが、会計専門家の判断は、「子会社に該当するか否か＝連結決算の対象に加えるべきか否か」であり、連結決算としてどちらが適切かという観点から「センス」を提供するのに対し、法律専門家の判断は条文の文理解釈に忠実な「ロジック」を提供する。「子会社」該当性という重要な論点について的外れな対応を避けるためには、この「センス」と「ロジック」の両方をうまく外部から仕入れる工夫が欠かせない。

V　分配可能額の考え方の基礎

以下では、分配可能額の最も基本的な部分のみ解説する。分配可能額の計算は複雑であるが、原則的な考え方を理解しておくことは貸借対照表の純資産の部の理解にも有益であると思われる。

1 分配規制の概要

剰余金の配当および自己株式の取得により株主に交付する金銭等の帳簿価額の総額はその時点の**分配可能額**を超えてはならない（会社法461条1項）。以下では、剰余金の配当について述べているが自己株式の取得についても同様のことがあてはまる。

分配可能額は次の2段階の計算によって行う。

第1段階は、分配可能額の計算の基礎となる「剰余金の額」の計算である（同条2項1号）。

第2段階は、「剰余金の額」に対する調整計算を通した分配可能額の計算である（同項2号〜6号）。

2 分配可能額の計算の第1段階――「剰余金の額」の把握

分配可能額の計算の出発点となる「剰余金の額」は会社法446条に定義されている。「その他資本剰余金」と「その他利益剰余金」の合計が貸借対照表の純資産のうち分配制限の課されていない剰余金であることはすでに説明したが（Ⅳ6（p.40）参照）、「剰余金の額」とは、実質的にはこの「その他資本剰余金」と「その他利益剰余金」の合計額に相当する額を、実際に剰余金の配当を行う時点を基準時として算出したものに相当する。具体的な計算方法は、最も新しい貸借対照表において計上された（最終事業年度の末日における）「その他資本剰余金」と「その他利益剰余金」の合計額から出発して、そこから剰余金の配当を行おうとする日までの「その他資本剰余金」と「その他利益剰余金」の変動を個々に確認して計算する（法令上「剰余金の額」として認められる変動事由が限定列挙されているため、これに該当するかどうかの確認が必要となる）。そのため、この「剰余金の額」は最終事業年度の末日における貸借対照表を見るだけでは計算することができないことになる。

このことから、最終事業年度の末日後に資本金や準備金を減少させることによって分配可能額を増加させることが可能である。他方、Ⅳ5に述べたように（p.40）、収益・利益は決算によって最終損益を確定させるまではその他利益剰余金に反映されないため、最終事業年度の末日後、剰余金の配当をしようとする日までの業績が良好で多額の利益を計上したとしても、それを直ちに分配可能額に取り入れることができない点に留意が必要である[13)]。

3　分配可能額の計算の第２段階
――「剰余金の額」に対する調整計算

前記2で述べたように、「剰余金の額」は、分配規制が及ばない性質の「その他資本剰余金」と「その他利益剰余金」の合計額を剰余金の配当を行う時点で算出したものであるため、本来であればすべてを剰余金の配当に活用してもよいように思われる。しかしながら、貸借対照表全体を観察すると、「その他資本剰余金」と「その他利益剰余金」の合計額の中には剰余金としての確実性に欠ける等の理由から、債権者保護の観点からより保守的かつ厳格に分配可能額を計算することとしている。

具体的な分配可能額の計算は、調整項目が多数となり複雑であるため、すべてを紹介することはできないが、重要な項目をいくつか述べておきたい。

13）　本書では詳細に立ち入ることができないが、このような利益をすぐに分配可能額に反映させて剰余金の配当を行いたいというニーズに応えるものが臨時計算書類の制度である。臨時計算書類を作成すれば、いわば事業年度末に決算をした場合と同様に取扱うことができることになる。

⑴ 有価証券等の含み損

第1に、資産の含み損をはじめとする未実現損失は実現したものと取り扱い、分配可能額の計算上控除されることである。具体的には、貸借対照表の純資産の部の「評価・換算差額等」に含まれるもので、持合い株式等の有価証券の含み損（有価証券評価差損）が挙げられる（会社法461条2項6号、計算規則158条2号参照)。Ⅳ1において説明したとおり（p.28)、有価証券を実際に売却して実現損失として確定したものではないことから、含み損は原則として損益計算書には取り込まれない。その結果「その他利益剰余金」には反映されず、「評価・換算差額等」として別建てで計上されている。しかし、分配可能額の観点からは、未実現損失であっても、仮に現時点で債権者に対する弁済資金を準備するためにその有価証券を売却するとしたら当該損失は実現するのであり、現時点で資産の価値の減少が生じていること自体は変わりがないため、実現損失と同様に取り扱うことが適切と判断し、分配可能額の計算上控除することとされている。

⑵ 自己株式

第2に、自己株式の帳簿価額が分配可能額の計算上控除される（会社法461条2項3号)。Ⅳ3⑴において説明したとおり（p.36）自己株式は純資産のマイナス項目であるが、株主資本全体からのマイナス項目として別建てとされており、「その他資本剰余金」や「その他利益剰余金」から直接控除されていない。そのため、前記2に述べた第1段階の計算による「剰余金の額」には自己株式による純資産のマイナス分が考慮されていない。分配可能額の計算の観点からは、この純資産のマイナス分は考慮すべきであるから、分配可能額の計算上、剰余金の配当を行おうとする時点における自己株式の帳簿価額が控除される。

なお、分配可能額の計算において重要な点として、事業年度の末日後の自己株式の処分によって分配可能額を増やすことができないように計算式が作られている。こうした特別な計算式となっていなければ、事業年度の末日後に自己株式を処分することによって処分対価の分だけ分配可能額を増やすことができる。しかし、前記2（p.49）において事業年度の途中の売上等の収益・利益が直ちにその他利益剰余金に算入されず分配可能額に含まれないのと同様の取扱いとすることとした。その事業年度の決算を終えるまで自己株式の処分対価の信頼性が検証されないことが背景にある。

自己株式が関連する分配可能額の簡単な計算事例については図表13を参照。

⑶ のれんと繰延資産

紙面の都合上概要のみの説明となるが、貸借対照表に計上したのれんの額の2分の1と繰延資産の合計額（**のれん等調整額**）と資本金、準備金およびその他資本剰余金から計算される基準額との大小関係により、分配可能額から一定の額が控除されることがある（計算規則158条1号参照）。これは、Ⅳ5に述べたように（p.40）、合併等の組織再編の際にその他資本剰余金が増加することがあるが、これが多額ののれんとともに計上されることが少なくないという事態に備えたものである。つまり、のれんには換金価値がなく、債権者に対する債務の直接の弁済原資とならないため、多額ののれんに裏付けられたその他資本剰余金を分配可能額に無制限に含めることが懸念されたことを踏まえて設けられた分配規制である。

図表 13　自己株式と分配可能額

（設例）

最終事業年度の末日（X年3月31日）時点の貸借対照表上の金額は以下のとおりであった。

科目名	金額（千円）
その他資本剰余金	150
その他利益剰余金	450
その他有価証券評価差損	△ 70
自己株式	△ 100

(1) X年6月30日に剰余金の配当をしたいと考えている。分配可能額はいくらか。

(2) X年4月1日からX年6月30日までの間に資本金の減少200を実施しその効力が発生している。X年6月30日に剰余金の配当をしたいと考えている。分配可能額はいくらか。

(3) さらに、X年4月1日からX年6月30日までの間に保有する自己株式の半分（帳簿価額50）を60で処分した。X年6月30日に剰余金の配当をしたいと考えている。分配可能額はいくらか。

<設例の検討>

(1)　(a)「剰余金の額」：150（その他資本剰余金）＋450（その他利益剰余金）＝600

(b) 分配可能額：600－100（自己株式の帳簿価額）－70（その他有価証券評価差損）＝**430**

(2)　(a)「剰余金の額」：150＋450＋**200**＝800

（資本金の減少によるその他資本剰余金200の増加が「剰余金の額」に反映される）

(b) 分配可能額：800－100（自己株式の帳簿価額）－70（その他有価証券評価差損）＝**630**

よって(1)に比べて資本金の減少によって分配可能額を200増加させることができた。

(3)　本文で述べたとおり、自己株式の処分によって分配可能額を変動させることができないように設計されており、分配可能額は自己株式の処分がない(2)の場合と同様の630となる。参考までに計算方法を示すと以下のとおりである。

まず、X年6月30日現在の自己株式の帳簿価額は、X年3月31日時点の100から、自己株式の処分により減少する分の50を控除し、100－50＝50と計算される。

この自己株式の処分では、帳簿価額50の自己株式を対価60で処分している。差額（対価が自己株式の帳簿価額を上回る部分）の10はその他資本剰余金の増加として処理される。

以上から、

(a)「剰余金の額」：150＋450＋200＋**10**＝810

（自己株式の処分によるその他資本剰余金10の増加が「剰余金の額」に反映される）

次に、分配可能額の計算上、X年6月30日現在の自己株式の帳簿価額の50（会社法461条2項3号）と、最終事業年度の末日後の処分した自己株式の対価60（同項4号）が控除されることとされているため、分配可能額は次のようになる。

(b) 分配可能額：810－**50**－**60**－70＝**630**

Column 1-5 **分配可能額の考え方**

分配可能額の計算は極めて複雑であるが、経理担当者以外にとって会計の勉強の到達点の１つが、この分配可能額の計算にあるともいえる。会計を勉強する１つのモチベーションとして、分配可能額の計算方法を研究するのも面白い。

なぜ分配可能額の計算が複雑なのかを理解するにあたり、重要と思われるキーワードをいくつか取り上げてみたい。

第１は「時価会計」である。大まかにいえば、貸借対照表に計上される資産および負債のうち適切な科目については時価で評価しようという発想である。特に、最終的に売却することが想定されている有価証券についての含み益・含み損の情報が重要視されたことから有価証券には時価会計が導入されている。しかし分配規制の観点からは、現時点では含み益はそのまま実現できる確証がないため、含み益を原資に配当できるとする根拠（配当しても債権者に対する資力に不安がないといえる根拠）に欠ける。また、含み損については、すでに保有資産の価値が下落している蓋然性が高いにもかかわらず、これを考慮しないで配当する根拠に欠ける。よって、含み益は信頼できず、含み損は無視することができない。

第２は組織再編に関する会計基準の影響である。通常、資産の払込みを受け株式を発行する取引、いわば株式を対価に資産を取得する取引においては、資本金または資本準備金が増加し、その他資本剰余金・その他利益剰余金が直接増加することはない。しかし、組織再編による資産・負債の引継は例外であり、一定のルールに伴い、その他資本剰余金・その他利益剰余金が直接増減することがある。つまり、組織再編それ自体が分配可能額の計算に影響を及ぼす。さらに、組織再編の結果多額ののれんという処分できない資産が計上される場合に、これを分配原資として正面から認めることに対しては慎重であるべきと判断され、のれんの金額に連動させた分配可能額の制限（減額）が部分的に採用されている。

第3が自己株式の処分の特殊性である。会社法上の手続という意味では新株の発行と自己株式の処分は同じ扱いとなるが、両者の会計処理は異なる。自己株式の処分はその他資本剰余金の増減に直接影響する。では、組織再編と同様に扱ってよいかというとそういうわけにもいかない。組織再編は債権者保護手続を含め会社法上厳格な手続が行われており、その結果としてその他資本剰余金・その他利益剰余金を直接増加させることが許容されている。これに対して自己株式の処分には債権者保護手続のような厳格な手続が内包されておらず、また、新株の発行によって分配可能額が増えないのに自己株式の処分によって直ちに分配可能額が増加することを認めるのは適切ではないと考えられた。そのような経緯から、本文に述べたように、決算が確定するまでは、期中の自己株式の処分によって分配可能額が影響を受けないように設計されている。

このように、分配可能額の計算過程は、根底にある会計処理と、会社法上の調整計算の必要性（なぜ会計処理の結果のままでは好ましくないのか）の2段階を考えることによって理解することが可能である。

分配規制違反を防ぐためには分配可能額の正確な計算が肝要である。株式実務担当者が直接に責任を負う領域ではないものの、分配可能額の水準は株主に対する即時の利益還元の水準に直結し、将来の配当方針、株主への利益還元戦略の根幹に影響するものである。分配可能額の計算資料に接した際に、そこに書かれている内容の大筋を理解することができるだけでも視野が広がるのではないだろうか。

第2章

株式実務担当者のための

金商法の基礎知識

Ⅰ　はじめに

本章は、株式実務担当者の皆様の実務において役立つと思われる金商法の基礎知識の概要をとりまとめたものである。金商法は複雑難解な法律であり、その規制の内容の詳細について株式実務担当者の皆様が把握しておく必要があるわけではないと思われるが、皆様が通常担当しておられる株式実務が金商法上のどのような規制と隣り合わせになっているかについて基本的な知識を身につけることは、ご所属の上場会社およびその役職員がうっかり金商法に違反するリスクを軽減するうえで有用であると思われる。

このような観点から、本章では金商法において、上場株式と密接に関連すると思われる制度の概要を下記の構成により横断的に紹介することとしたい。紙面の関係上それぞれの制度の概要を説明するに留まるが、担当者の皆様の今後の実務の一助となれば幸いである。

Ⅱ　金商法の概要

1　金商法の目的

金商法1条は、同法の目的につき、「企業内容等の開示の制度を整備するとともに、金融商品取引業を行う者に関し必要な事項を定め、金融商品取引所の適切な運営を確保すること等により、有価証券の発行及び金融商品等の取引等を公正にし、有価証券の流通を円滑にするほか、資本市場の機能の十全な発揮による金融商品等の公正な価格形成等を図り、もつて国民経済の健全な発展及び投資者の保護に資することを目的とする。」と定めている。

つまり、「国民経済の健全な発展」と「投資者の保護」が金商法の究極の目的であり、そのために「有価証券の発行及び金融商品等の取引等を公正にすること」「有価証券の流通を円滑にすること」「資本市場の機能の十全な発揮による金融商品等の公正な価格形成等を図ること」が必要であり、その方策として「企業内容等の開示の制度を整備すること」等が挙げられている。

そのため、「誰でも公平に上場株式を売買できる市場を整備すること」もまた金商法の重要な目的の1つであるといえる。上場会社の株式実務と密接な関連があることがお分かりいただけるだろう。

2　金商法上の開示規制と市場規制

(1)　業法としての金商法と会社法の追加ルールとしての金商法

これを受けて、金商法は、金融商品取引業者（証券会社）の登録・監督等に関する規制や金融商品取引所（東京証券取引所等）

の設立・運営等に関する規制等を通して、株式その他の有価証券が公正かつ適切に取引できる市場（資本市場）を確保することを目指している。これらは金融商品取引業者や金融商品取引所およびその関係者に対する規制であるため、一般の上場会社およびその役職員に対する規制ではない。この意味で、金商法は業法[1)]の性格を有する。

ところが、金商法には上場会社とその役職員に対する規制も含まれている。これらの規制に違反すると民事責任・刑事責任を問われ、または行政上の制裁（課徴金）を受ける可能性がある。これは、上場会社（正確には、不特定多数の者に対して有価証券の取得の勧誘を行おうとする会社全般が該当するが、本書では便宜上上場会社を念頭に置いて議論する。）の株式その他の有価証券の発行や取引に関して、投資者を保護する観点から会社法のルールに加えて新たなルールや規制を課すものであり、端的に言えば、会社法の追加ルールとしての意味がある。

⑵ 開示規制と市場規制

株式実務の担当者としては、株式に関連した金商法上の規制として、⑴に述べたような会社法の追加ルールとなる部分を理解しておくことが有用であると思われる。このルールは、主として次の２つに大別することができる。

第１のタイプは、投資家が投資判断を行ううえで必要な情報（上場会社の事業や決算に関する情報等）を、適切な時期に正しく開示するための規制である。本書ではこの開示（ディスクロー

1） 銀行に対する銀行法、保険会社に対する保険業法のように特定の業種の会社を規制するための法律をいう。

ジャー）に関連する規制を開示規制という。

第２に、誰であっても、不正不当な手段を用いて、他の投資家の犠牲のもとに自己の利益を追求するような行為が認められてはならない（典型的な例がインサイダー取引規制である）。このような資本市場の公正性・公平性（ひいては市場に対する信頼性）を確保するための規制が金商法に定められている。本書ではこれを便宜上市場規制ということとする。

(3) 補足：投資者保護と自己責任の原則

補足すると、金商法における「投資者保護」とは、株式等に投資した者に株価の値下がり等による損失を負わせてはならないという意味ではない。投資のために十分な情報を与えられ、公正に取引を行う市場に参加する機会が与えられさえすれば、自身の投資判断の結果株式等を売買したことによって損失を蒙ったとしても、それは自己の責任であり、上場会社、金融商品取引業者その他の第三者に対して損失の補填を請求することができる立場にはないと考えられており、一般的にはこれを「**自己責任の原則**」という。金商法の目的は、この自己責任の原則が機能する前提となる環境を確保することにあるといえる。

3 上場会社の株式実務の視点からみた分類

上記2で述べた開示規制・市場規制は、上場会社の株式と関連づけてどのように整理できるであろうか。この点について、たとえば次のように整理することが可能であると思われる。

(1) 適用対象者の視点からの区別（上場会社か役職員か）

まず、金商法上の規制が上場会社に対するものか上場会社の役職員に対するものであるかという観点で観察してみると次のようにまとめることができる。

開示規制は、基本的には上場会社に対する規制である。ただし、役員・従業員との関連性について以下の２点に留意すべきである。

・上場会社が作成する有価証券届出書・有価証券報告書等の開示書類に重要な虚偽記載が含まれる場合、上場会社の役員は、無過失であることを証明しない限り、投資家に対して損害賠償義務を負う可能性がある。開示書類は上場会社が作成義務を負うが、上場会社の役員は、その職責に応じて、それが上場会社の実態を適切に反映して作成されるよう注意を尽くす必要がある。
・役員または従業員が直接に上場会社の株式を５％以上取得することとなるような場合には、自己がTOB（公開買付）規制および５％ルール（大量保有報告書制度）の適用対象となる。

これに対して、市場規制は原則として上場会社およびその役職員の双方に適用される（ただし、後述のように、役員のみに適用される規制もある。）。株式等が取引される市場に関わるすべての者が、その属性に関係なく遵守すべきルールを定めたものだからである。

⑵　適用対象となる株式取引の区別

⑴とは別に、株式に関するいかなる行為が規制の対象となるかという点から分類することも可能である。

開示規制についていえば、上場会社の次の行為が規制対象となる。

・そもそも株式を上場していることを理由として、有価証券報告書等の提出義務を負う（後述する「継続開示規制」）。

・株式を発行し、または自己株式を処分する際には有価証券届出書の提出義務を負う（後述する「発行開示規制」）。
・自己株式を取得する際には、一定の場合には自社株 TOB の規制を遵守し、また場合によっては自己株券等買付状況報告書を提出する必要がある。

市場規制についていえば、金融商品取引所を通じて株式を売買する際に、インサイダー取引規制の適用を受ける。

Ⅲ　開示規制総論

1　開示規制の目的および全体像

開示規制は、株式その他の有価証券の売買等に関する投資判断に必要な情報を正確かつ適時に開示させることを通じて、投資者の自己責任の原則の前提となる、投資判断に必要な情報の入手可能性を確保し、投資者を保護するとともに有価証券が取引される市場の公正性を維持することを目的としている。

2　多種多様な開示制度

我が国において、上場会社は多様な開示制度の適用を受ける。各種開示制度をまとめると次頁の**図表1**のとおりとなる。

大別すると、法令上の義務に基づく開示（法定開示）、金融商品取引所規則に基づく開示およびそれ以外の自主的に行う開示（任意開示）に分類することができる。

法定開示の中にも様々な法令による開示が考えられるが、上場会社に共通している法定開示は会社法に基づく開示と金商法に基

図表1　各種開示制度

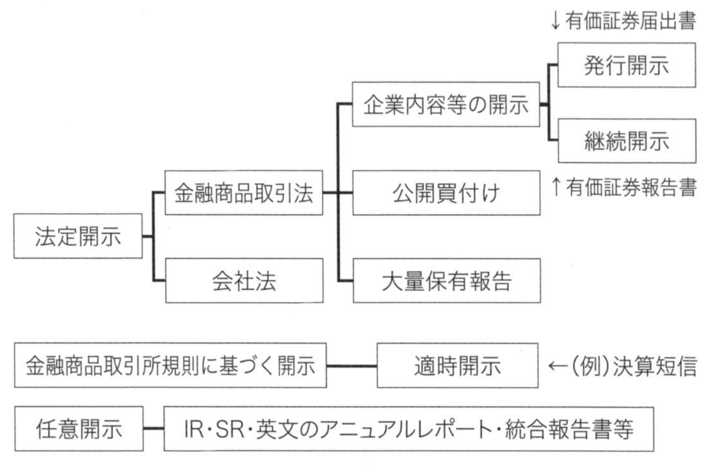

づく開示である。

金商法に基づく開示は、誰がどのような情報を開示するのかという観点から、次のようにもう少し細かく分類することができる。

(a)　有価証券の発行者（上場会社等）が、当該有価証券および会社の内容に関して行う開示（企業内容等の開示）

(b)　公開買付けを行おうとする者が、当該公開買付けに関して行う開示

(c)　5％以上の株式を保有する者が、自己の保有状況に関して行う開示（大量保有報告）

3　発行市場開示（発行開示）と流通市場開示（継続開示）

上記2で説明した(a)の企業内容等の開示は、さらに発行開示と継続開示とに大別される。

両者を理解するにあたっては、まず発行市場と流通市場の理解

図表2　発行市場と流通市場

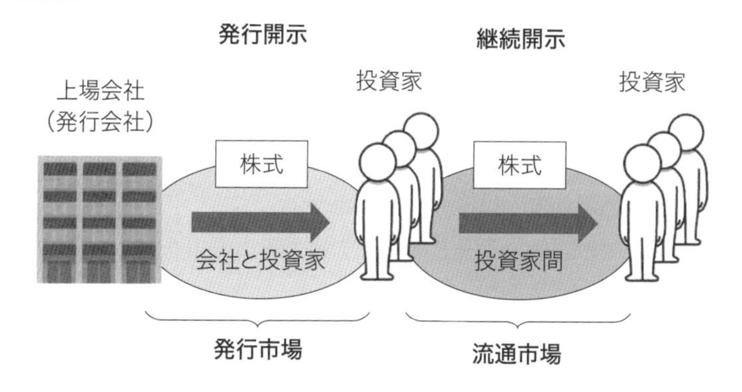

が重要となる（図表2参照）。**発行市場**とは、端的にいえば株式その他の有価証券の発行会社と投資家をつなぐ（概念上の）市場である。つまり発行市場は発行会社が投資家に株式等を売るための市場であり、発行会社にとって資金調達を行う市場である。これに対して、**流通市場**とは、発行市場で株式を取得した投資家が株式を転売するための市場であり、新しい投資家が発行会社からではなく、他の投資家から株式を取得する場となる（典型的には、金融商品取引所における売買をイメージすればよい）。

発行市場における情報開示、つまり発行会社から株式を取得する投資家が投資判断を行うために必要となる情報を発行会社が開示することを**発行開示**という。具体的には、有価証券届出書という書類を提出するとともに、目論見書という書面を作成して投資家に交付することが要求される。

これに対して、流通市場における情報開示、つまり投資家間で株式を売買する際に必要となる情報を発行会社が開示することを**継続開示**という。具体的には、有価証券報告書、四半期報告書、臨時報告書等といった書類を提出することをいう。

Ⅳ　開示規制各論①――企業内容等の開示

1　発行開示（有価証券届出書）

(1)　発行開示制度とは

まず、開示規制のうち、有価証券届出書の提出を通じた発行開示制度について説明する。

Ⅱに述べたように（p.59）、発行開示は、以下の特徴を有する。

- 株式を発行している上場会社に対する規制である
- 有価証券届出書の記載に重大な誤りがあると役員が責任を負う可能性があるという意味で、役員の法的責任にもかかわるものである
- 新たに株式を発行する場合または自己株式を処分する場合には有価証券届出書の提出の要否を検討する必要がある

有価証券届出書とは、株式等の有価証券の取得を投資家に対して勧誘する場合に、投資判断のために必要であるとして法令によって定められた事項を記載した書類であり、金商法上内閣総理大臣（実際は所管の財務局長）に対する事前提出が義務づけられている。

(2)　発行開示制度の仕組み

有価証券届出書に関して実務上理解しておくことが望ましい点は以下のとおりである（図表3参照）。

① 有価証券届出書の提出（届出）と届出の効力発生

金商法上、有価証券届出書という書類を提出し、提出後所定の期間（原則は15日。**待機期間**という。）が経過すると、有価証券届出書による届出の効力が生じるという仕組みになっている。

図表3　有価証券届出書の提出と株式発行（第三者割当ての場合）

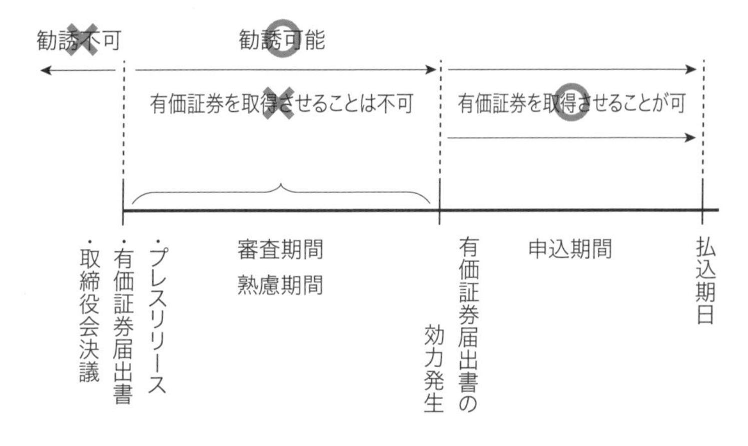

有価証券届出書という書類を提出しなければ（提出する前に）してはならないことと、届出の効力が生じなければ（生じる前に）してはならないことがあることを覚えておくことが重要である。

第1のルールは、上場会社が新規に発行し、または処分する自己株式の取得について勧誘する（これを金商法上は「**募集**」という）前に、その取得の条件等を記載した有価証券届出書を提出しなければならない。つまり、「届出前の勧誘」は金商法上禁止されるというルールである。株式の取得の勧誘を受けた者（投資家）は、勧誘を受けることにより株式の購入に関心を抱くようになり、購入するかどうかの検討を開始する。このような検討が開始される時点において、判断の材料になる株式やその発行会社の情報が正確に提供されていないような状況が生じてはならないというのが、上記に述べたように、自己責任の原則の環境を確保するための投資者保護の観点からの金商法規制である。

第2のルールは、届出の効力が発生する前に株式を勧誘の対象者に取得させてはならない。取得させることには、売買の契約（合意）をすることも含まれている。そのため、届出の効力が生じてから初めて契約締結に至ることとなる。

その意味で、有価証券届出書を提出してから届出の効力が発生するまでの待機期間（上記のとおり、原則は15日）は、当局が有価証券届出書の内容に問題点がないかどうか審査する審査期間であるとともに、投資家が有価証券届出書に記載された内容に基づき投資判断を行うために必要な検討を行う熟慮期間としても機能する。

発行開示制度に関して重要な点を補足すると次のとおりである。

- 上場株式の募集については、たとえ1名の投資家に対する募集であっても有価証券届出書の提出が必要となる。そのため、いわゆる第三者割当増資で特定の者に対してのみ株式を発行する場合にも有価証券届出書の提出が必要となる場合があるため実務上留意が必要である[2)]。
- 有価証券届出書の提出が必要となるのは株式等の有価証券の発行価額の総額が1億円以上となる場合である。発行価額の総額が1,000万円超1億円未満であれば有価証券通知書という簡易な書類[3)]を提出する。発行価額の総額が1,000万円以下であれば金商法上提出すべき書類はない。
- 役員や従業員に対する株式報酬[4)]支給目的であっても、有価証券届出書の提出は必要である。つまり、自社や子会社等の役員・従業員であっても、これまで議論した投資家であることに変わりは

2）　ただし、普通社債のように、株式と交換される可能性のない有価証券に関しては、転売制限を付す等の一定の要件を満たして「私募」に該当する場合には有価証券届出書の提出を要しない。上場株式とは異なる種類の株式についても同様である。）

3）　この書類は当局向けのものであり、一般には公表されない。

ない。ただし、上場会社については、多くの株式報酬（リストリクテッド・ストック等）を自社、完全子会社または完全孫会社の役員・従業員に付与する場合の有価証券届出書の提出が免除される[5)]（代わりに後述の臨時報告書が必要となる。）。
・株式だけでなく、新株予約権の発行についても有価証券届出書が必要となる。ただし、ストック・オプションの付与の場合は、自社、完全子会社または完全孫会社の役員・従業員に対するものであり、譲渡禁止の制限が付されている場合には有価証券届出書の提出が免除される（この場合も代わりに後述の臨時報告書が必要となる。）。

Column 2-1　第三者割当増資に有価証券届出書は必要か

第三者割当増資は通常、割当予定先との間で割当ての条件について協議したうえで実行される。つまり、第三者割当増資の場合、割当予定先は発行会社から必要な情報を直接入手して割当てに応じるべきか否かについて独自に判断する機会が与えられていることが多い。そのため、このような割当予定先の投資判断の機会を確保するために有価証券届出書を提出して待機期間を設け、割当予定先に直接目論見書を交付する必要があるかどうかは疑わしい。

4）**第1章Ⅳ4**で紹介したように（p.38）、上場会社は改正会社法により取締役等に対して報酬目的で払込みを要さず株式を無償で交付することができるようになったが、この場合の発行価額の総額は、会社法上の払込金額にあわせて零とするのではなく、株式発行の対価となる取締役等の役務の公正な評価額によって算定するという解釈が金融庁から示されているため、注意が必要である。
5）免除の要件を満たすためには、株式の交付日の属する事業年度経過後3か月を超える期間にわたって譲渡禁止の制限が付されていることも必要となる。

このような背景から、第三者割当増資には有価証券届出書が不要ではないかという意見も耳にする。

現行法上、少数の者（49名以下）に対する第三者割当増資であっても、割り当てる株式が上場株式であって発行価額の総額が1億円以上であれば有価証券届出書の提出が必要となる。その理由は、上場株式は証券取引所を通じて容易に売買が可能であるという意味で流通性の高い有価証券であることから、割当予定先が少数であったとしてもその割当予定先が転売することを通じて第三者割当発行した上場株式が多数の者に転売されるおそれがあるためであると考えられている。つまり、流通性の高い上場株式に関しては、発行会社から最初に割当てを受ける先の人数にとらわれず、常に多数の（潜在）投資家に対する公募増資と同様の取扱いをするということに等しい。

金商法の開示規制では、個々の投資家が自ら必要な情報を収集できるからという理由で有価証券届出書の提出や目論見書の交付を免除するような取扱いとはしていない。本当にその投資家が自ら必要な情報を収集できる立場にあるか否かには実質的な判断が必要で、その判断が必ずしも容易ではないためであろう。

そのような事情から、上場株式を用いて資金調達するということは、常に割当予定先に限らず、株式市場に参加する不特定多数の投資家の投資判断に頼っていると考えるべきであるということを開示規制は教えてくれているように思う。

②　有価証券届出書の構成と記載内容

有価証券届出書に記載する内容は、募集の対象となる株式に関する情報（株式の内容、発行価格、申込期間、払込期間等）（これを**証券情報**という。）と、株式を発行する上場会社に関する情報（これを**企業情報**という。）から構成される（図表4参照）。企業情報の部分は、後述する有価証券報告書に記載する内容とほぼ同一と考

図表4　有価証券届出書の構成

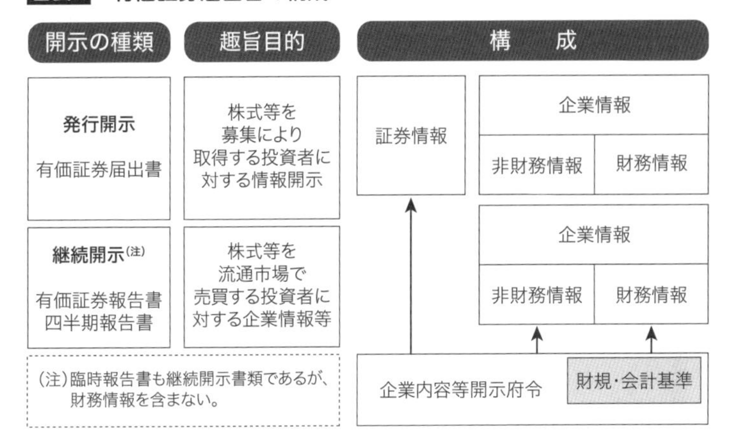

えて差し支えない。そのため、有価証券届出書のうち企業情報の説明は、後記2(1)（p.73）の有価証券報告書を参照いただきたい。

上場会社においては、金融商品取引所を通じた多数の株式取引等を理由として、当該上場会社に関する情報が多くの投資家の関心の対象として広く知れ渡っている（周知性が高い）と考えることができる。そのような会社の開示情報は、開示されると速やかに投資家が把握・分析し、株価に反映されると考えられることから、すでに開示している有価証券報告書によって代替できると考えられる部分（企業情報に相当する部分）は、それを有価証券届出書の一部として取り扱うことによって有価証券届出書を簡略化し、さらに待機期間（投資家の熟慮期間）も短縮させることで上場会社の有価証券届出書の提出手続をできるだけ簡便かつ機動的に行えるように配慮されている。

具体的には、上場会社が提出する有価証券届出書は、原則的な「通常方式」に代えて「**参照方式**」とよばれる形式を用いること

ができる。上記のとおり、参照方式のメリットは

- ・企業情報部分については、すでに提出された有価証券報告書、四半期報告書等を参照すべき旨を記載すれば足りる[6)]
- ・通常は15日を要する待機期間が7日まで短縮することができる[7)]

③ 有価証券届出書と目論見書

有価証券届出書は、提出されると**EDINET**というウェブサイトにおいて誰でも内容を閲覧することができる状態となる（公衆縦覧という。）。募集における情報開示としてはこれで十分とも思えるが、金商法は、原則として、募集により株式を取得させる場合に、あらかじめ、または同時に**目論見書**を相手方に交付することを義務づけている（**図表5**参照）。つまり、遅くとも投資家が最終的な投資判断を行うまでには、その投資家に対して直接に情報提供を行うことが明示的に要求されている。これによって投資者の自己責任の原則の前提となる、十分な投資情報の提供を確保しようとしたものである。

目論見書の記載事項はおおむね有価証券届出書と同様であり、作成義務を負うのは上場会社である。第三者割当てでは上場会社が割当予定先に交付し、金融商品取引業者を利用して不特定多数の者から資金調達する目的で募集を行う場合には、引受人となる金融商品取引業者が投資家に配布する。

金商法上、一定の要件にしたがって相手方から同意を取得すれば、書面ではなく電磁的方法によって目論見書を交付することが

6） ただし、法律上はこれらの書類が有価証券届出書の一部であるとみなされる。

7） ただし、第三者割当の場合は原則どおり15日を要する建前とされている。

図表5 有価証券届出書と目論見書

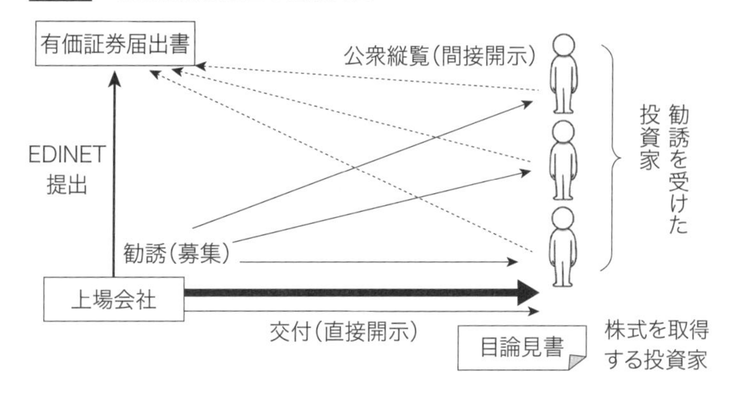

できる（目論見書の電子交付）。また、証券会社（金融商品取引業者）が顧客に対して一定の重要な情報を提供し、顧客の属性に応じて所定の事項について説明すれば、顧客の同意がなくとも目論見書の電子交付が可能である。電子交付の方法としては、たとえば、所定のウェブサイトからPDFファイルの目論見書をダウンロードする方法や電子メールで送受信する方法等が可能である。

2 継続開示

(1) 有価証券報告書

① 有価証券報告書の意義

有価証券報告書とは、上場会社が定期的に（事業年度終了後3か月以内に）提出することが要求されている報告書である[8]。

有価証券報告書は、上場会社が上場後新株の発行や自己株式の

8） なお、上場会社でなくても、株式等の募集を行うことによって前記1の有価証券届出書を提出した会社は有価証券報告書の提出義務を負う。

処分を行わない場合でも毎年提出しなければならない。有価証券届出書を提出し、または上場会社となると、株式は発行会社の関与なく、流通市場において随時売買される。有価証券報告書は、流通市場における投資家の投資判断を保護するための開示書類である。たとえば、金融商品取引所において株式の売買を行おうとする投資家が、上場会社に関する直近の情報をもれなく入手することができるようにするために、有価証券報告書の提出が要求されている。このように、定期的に重要な情報が入手できることが約束されていることによって、投資家は安心して、希望する時期に希望する数量の株式の売買を実行することができる。その結果、健全かつ流動性の高い流通市場が形成される。

このような流通市場が形成されれば、上場会社が株式の募集を行う際にも投資家は安心して募集に応じて株式を取得することができる。仮に将来的に売却したいと思ったときに、いつでも株式を適正な条件で売却することが期待できるためである。これに対して、たとえば非公開会社の譲渡制限の付された株式のように、売却処分が困難な株式を取得する場合は、その会社とかかわりのない一般投資家であれば株式の購入に消極的とならざるを得ない。

このように、流動性の高い流通市場を形成することは、発行市場を成立させるために重要であって、そのために上場会社には有価証券報告書の提出が要請されている。有価証券報告書の提出は、上場会社が希望するタイミングで一般投資家から公平な条件で資金調達を行う機会を確保するために必要な作業であり、そのコストは上場会社として金融商品取引所にアクセスするために必要かつ合理的なものと理解しておくとよい。

② 有価証券報告書の構成

有価証券報告書には、上場会社の経済的実態を理解し、その株式の売買等に関する投資判断を行ううえで必要かつ有用な情報として法令で定める事項を記載する。

企業間の比較可能性を確保し、一定の品質と情報量を担保する観点から、有価証券報告書の様式は企業内容等開示府令において明確に定められている。会社法の事業報告・計算書類には様式の定めがないこととは対照的である。

有価証券報告書に記載すべき事項は、すでに**図表4**に示したように財務情報とそれ以外（非財務情報）に大別される。財務情報の中でも、上場会社の最近事業年度に関する決算書類（財務諸表・連結財務諸表）は重要な役割を果たし、公認会計士・監査法人による監査（**監査証明**）を受け、監査報告書を添付することが要求されている。

非財務情報は財務情報の情報を補足するとともに、財務情報ではとらえられない会社の定性的な側面を説明するものである。たとえば以下の情報が含まれる。

- 事業の内容
- 従業員の状況
- 経営方針、経営環境および対処すべき課題等
- 事業等のリスク
- 経営者による財政状態、経営成績およびキャッシュ・フローの状況の分析（いわゆるMD&A）
- 設備の状況
- 提出会社の株式等の状況
- コーポレート・ガバナンスの概要
- 役員の状況
- 監査の状況
- 役員の報酬等
- 株式の保有状況

なお、金商法は個社ベース（単体ベース）情報ではなくグループ（発行会社とその子会社からなる企業集団）に関する情報を主たる情報と位置づけている（近年は会社法でもグループベースの情報の重要性が高まっているが、金商法は会社法よりもグループ情報を重視している）。グループ全体のリスクや業績が当該上場会社（親会社）の株式の価値に影響するため、適正な投資判断を行うにはグループ全体に関する情報が必要であると考えられているためである。

そのことは有価証券報告書においてたとえば以下の点に表れている。

・財務情報については、グループ全体に関する決算情報である連結財務諸表が個社の決算情報である財務諸表よりも先に記載される。
・非財務情報については、事業の内容や業績に関する情報はグループベースで記載することが要求されている。

さらに、近年では、会社法に基づく事業報告・計算書類と金商法に基づく有価証券報告書の作業を共通化・一元化するための取組みが提案されている。

③ 内部統制報告書および確認書

上場会社の場合、財務書類の適正性を確保するための体制について経営者がその有効性を評価した**内部統制報告書**を有価証券報告書と併せて提出することが義務づけられている。この内部統制報告書にも公認会計士・監査法人による監査証明が必要である。

また、上場会社の場合、有価証券報告書の記載内容が適正であることを経営者（代表者および（該当者がいる場合には）最高財務責任者）が確認した旨の**確認書**を併せて提出することが義務づけられている。

Column 2-2　**有価証券報告書の目的は？**

有価証券報告書は誰のため、何のために作るものであるのかという点は簡単なようで難しい問題であると思う。このような問題を実感した契機となった出来事は有価証券報告書における女性役員の比率の記載である。

2014年6月24日に閣議決定された「『日本再興戦略』改訂2014－未来への挑戦－」における「女性の更なる活躍促進」についての提言を踏まえ、企業等における女性の登用を促進するための環境整備の一環として、有価証券報告書において、各会社の役員の男女別人数および女性比率の記載を義務づけるための企業内容等の開示に関する内閣府令の改正が行われた（2014年10月23日付）。このように、有価証券報告書において（役員に限られるものの）男女別人数と女性比率の記載を義務づけることとした理由は女性の活躍推進であると推察される。投資家をはじめ多くの関係者が目を通す有価証券報告書においてこれらの事項の記載が要求されることとなれば、企業が女性役員の登用を前向きに検討することが期待できるという効果が見込まれるため、有価証券報告書への記載を求めることは合理的な政策であると思われる。

しかし、有価証券報告書は投資家の投資判断のために重要であると考えられる事項を記載するものである。そのため、有価証券報告書に何か新しい情報を追加するように義務づけるのであれば、その理由（立法事実）は、投資家の投資判断にとって重要であることに求められるべきであると考える。

多くのアナリストが実証分析を試みているが、女性役員の登用に積極的な企業とそうでない企業とで企業価値や収益性について有意な差があるとの指摘もみられる。重要なのは、その指摘が正しいかどうかではなく、この論点自体、つまりジェンダーという観点から取締役会の構成員に多様性があるか否かが企業の将来の価値に影響を及ぼすかもしれないと投資家が考えることになったということである。そのため、役員の男女別人数と女性比率は投資家の投資判断上重要な情報であると考えられるようになった。したがって、（実際はあまり考えられないが）これらの情報につき虚偽の記載があれば、決算情報等の他の情報に虚偽の記載がある場合と同様、提出会社が金商法違反の責任を問われることとなってもやむを得ないというべきである。上記の内閣府令の改正は、そのような投資家側からの分析に立って行われるべきであったと考える。

さらに付け加えるのであれば、投資家が関心を持っているのはジェンダーだけではなく、他の要素（国際性、職歴、年齢、スキル）等を含めた様々な側面における多様性であるため（コーポレートガバナンス・コード原則４－11 等参照）、有価証券報告書の役員の状況には、そのような役員の多様性の理解に資する情報の記載を義務づけるのがより合理性が高いように思われる（つまり、なぜ女性役員の比率だけが義務なのかという点の説明が難しい）。

確かに、政府の戦略・政策という観点でいえば、有価証券報告書への記載を要求することによって企業を経済的に望ましい方向に誘導し、その結果日本の経済全体が活性化するのであれば、それは適切な制度改正なのかもしれない。しかし、有価証券報告書が機関投資家等多くの関係者が目を通す書類であるという理由だけで特定の政策を実現する手段として利用されてよいものなのかどうか疑問がないわけではない。これは有価証券報告書の目的や機能をどのように考えるかにかかわるものであるため、今後はこうした有価証券報告書の存在意義を見直しつつ、有価証券報告書に何を記載すべきかを幅広に考えていく姿勢が望まれると考える。

⑵　四半期報告書

①　四半期報告書の意義

上場会社の株式は流通性が高く、頻繁に売買されることから、売買の時点で可能な限り最新の企業情報が市場に提供されるべきであると考えた場合、１年に１回提出する有価証券報告書だけでは情報の最新性に欠けると思われる。そのため、上場会社[9]は、各四半期（事業年度を３か月ごとに区切った期間）[10]につき、各四半期終了後45日以内に**四半期報告書**の提出が義務づけられている。

このように四半期ベースで開示書類の提出が必要となる点が会社法開示と金商法開示の大きな違いの１つである。

② 四半期報告書の記載内容

四半期報告書の記載内容は、有価証券報告書の記載内容（財務情報および非財務情報）を簡略化したものであり、有価証券報告書と同様、企業内容等開示府令に様式が定められている。

子会社を有する上場会社の場合、四半期報告書には四半期連結財務諸表のみを含め、上場会社個社に係る四半期財務諸表の作成・提出は不要である。なお、四半期連結財務諸表は、公認会計士・監査法人の**レビュー**の対象となり、四半期報告書にはレビュー報告書を含めなければならない。レビューとは年度の監査より簡略的な手続である。

③ 確認書

上場会社の場合、有価証券報告書と同様、四半期報告書についても、その記載内容の適正性に関する確認書を併せて提出するこ

9） 上場会社でない会社で有価証券報告書の提出義務を負う会社の場合は四半期報告書の提出義務を負わず、代わりに上半期終了後３か月以内に半期報告書を提出する仕組みとなっている。

10） 正確には、１年を事業年度とする上場会社の場合、最後の四半期（第４四半期）については四半期の終了と事業年度の終了が重なることから、有価証券報告書の提出によれば十分と考えられるため、第１四半期、第２四半期および第３四半期について四半期報告書の提出が要求されている。

とが義務づけられている。

Column 2-3　公認会計士等による監査とレビュー

有価証券報告書に含まれる年次ベースの決算書類である財務諸表・連結財務諸表は、公認会計士または監査法人による監査を受ける必要がある。これに対して、四半期報告書に含まれる四半期ベースの決算書類である四半期連結財務諸表（連結ベースを作成すれば単体ベースの作成は不要）は、公認会計士または監査法人によるレビュー（四半期レビュー）を受ける必要がある。

年次ベースの決算書類に対する監査は、対象となる決算書類が会計基準（一般に公正妥当と認められる企業会計の基準）にしたがって企業または企業グループの実態を適正に表示しているかどうかに関する意見（適正意見という）を述べるものである。これに対して、四半期レビューは、対象となる四半期決算書類について、企業または企業グループの実態を適正に表示していないと信じさせる事項が認められないというやや控えめな表現の結論が表明される。監査のときの意見の表現を積極的形式というのに対して、四半期レビューの結論の表現は消極的形式といわれている。

四半期報告書は各四半期の終了後 45 日以内に提出する必要があり速報性が重視され、年度の途中経過に関する暫定的な情報提供という意味から年度の決算よりも簡便な会計処理が認められている。それに合わせて、年度の監査のような厳格な手続に代えてやや簡略な四半期レビューで足りるという制度設計となっている。

とはいえ、監査と四半期レビューによる保証（いわばお墨付き）の差異は法律上必ずしも明確ではないように思われる。提出会社の決算書類に誤りがあった場合、提出会社と並んで、その決算の誤りを見逃した公認会計士・監査法人も責任を問われる（裁判で訴えられて損害賠償請求を受ける）可能性があるが、たとえば監査であれば見逃したのは問題であるが、四半期レビューであれば見逃しても仕方がなかったというような事案が実在するのかどうかは疑わしい。
監査・四半期レビューを行う公認会計士・監査法人の側は、監査の場合と四半期レビューの場合とでは実施すべき手続の内容が明確に区別されているため、両者の保証水準に差異があることは当然の前提として業務を実施している。しかしそれが裁判の場においてどこまで支持されるのか（私自身はこれを「四半期レビューの抗弁の有効性問題」と呼んでいるが）については依然として謎である。
金商法に基づく四半期レビューが導入されてすでに１０年超が経過しているにもかかわらず、その法的責任の位置づけは未だに不明確であると思われる。

⑶ 臨時報告書

四半期報告書に加え、一定の重要な事実が生じた場合には、遅滞なく**臨時報告書**を提出することが義務づけられている。一定の重要な事実については、四半期報告書・有価証券報告書の提出を待たず、速やかに投資家に情報提供することが望ましいと考えられることによる。

臨時報告書は、上場会社が金融商品取引所の規則に基づいて行う適時開示と類似する制度であり、適時開示と臨時報告書の提出の両方が必要となることが多い（ただし一方で他方を代替することはできない）。しかし、臨時報告書の提出事由と適時開示事由とは必ずしも同一ではないため、担当者は両方の提出事由を踏まえて必要な開示を行う必要がある。

臨時報告書の提出事由の概要は**図表6**に記載のとおりである。臨時報告書は、提出事由が生じた場合、遅滞なく提出することが要求される。

図表6　臨時報告書の提出事由一覧

・有価証券の募集または売出し（1億円以上）
・募集によらない有価証券の発行（1億円以上）
・有価証券届出書の提出を要しないストック・オプションその他の株式報酬の支給（1億円以上）
・親会社または特定子会社の異動
・主要株主の異動
・重要な災害★
・一定の訴訟の提起・訴訟の解決★
・株式交換／株式移転／合併／会社分割／事業譲渡／子会社取得★
・代表取締役の異動
・株主総会の議決権行使結果
・監査法人の異動
・倒産手続の申立て★
・多額の取立不能債権または取立遅延債権の発生★
・財政状態、経営成績およびキャッシュ・フローの状況に著しい影響を与える事象の発生★
（★は連結子会社に生じた場合にも臨時報告書の提出を要するもの）

Ⅴ　開示規制各論②――公開買付けに係る開示

1　公開買付けとは

公開買付け（TOB（Tender Offer Bid））とは、不特定かつ多数の株主に対し、公告によりその保有する株式等の売却を勧誘し、金融商品取引所を通さないでこれらの株式等の買付けを行うことをいう（金商法27条の2第6項参照）（図表7参照）。

このうち、発行者以外の者による公開買付け（以下「**他社株**

図表7　公開買付けが行われる状況

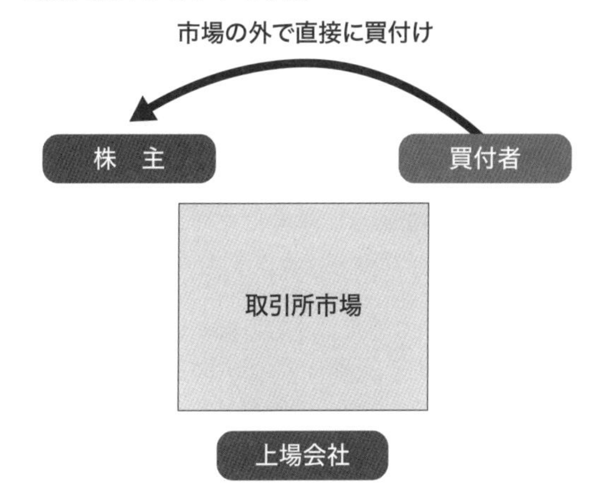

TOB」という。）は、他の会社の支配権の取得等を目的として金融商品取引所を通した売買以外の方法により対象会社の株式を買い集めようとする場合に、その買付けの条件等を説明した書類を事前に開示することを義務づけ、応募株主の平等待遇を図り、かつ、株式の取引の円滑化を図るものである。

これに対し、発行者による公開買付け（以下「**自社株 TOB**」という。）は、上場会社自身が金融商品取引所を通さないで自社株買いを行おうとする場合に、当該上場会社に自社株買いの条件等を説明した書類を事前に開示することを義務づけ、すべての株主に対して均等に自社株買いへの応募機会を与えるものである。

2　他社株 TOB

(1)　他社株 TOB の規制が強制される趣旨

公開買付けを使った大量の株式の買い集めは、主として、対象会社の支配権取得またはその強化をねらって行われる。そのため、公開買付けは株価に大きな影響を与える。

公開買付けに応募するかどうかの判断が求められる株主（応募株主）の保護の観点からは、公開買付けが公正に行われること、株主が公開買付けに応募すべきかどうかについて十分な情報を得て合理的な判断ができること、さらに株主が公正に扱われることを確保することが重要である。単純に整理すると、金商法の他社株 TOB の手続の主眼は、次の２点にあると考えられる。

(i) 応募株主の不公平な取扱いや応募株主を害するような不当な買取条件や事後的な条件変更等を禁止または制限すること
(ii) 公開買付けの条件や目的、公開買付者の概要について正確な内容を開示することを確保すること

⑵　他社株 TOB の規制が強制される場合

他社株 TOB の対象となる有価証券は、上場会社その他有価証券報告書の提出会社の発行する株式である。また、権利を行使することにより株式を取得できる他の有価証券（典型的なものとして新株予約権）を買い付ける場合も他社株 TOB の対象となる。

次に、他社株 TOB の対象となる株式等の買付けには詳細なルールが定められているが、基本的には下記の２つが基本となっている。

(i) 株券等所有割合（下記⑶参照）が５％を超えることとなる市場外での買付け（60 日間に 10 名以下の者から買い付ける場合は除外される）
(ii) 株券等所有割合が３分の１を超えることとなる買付け（適用除外に該当しない限り、株券等所有割合が３分の１超である者による追加の買付けは原則として他社株 TOB の対象となる）

⑶ 株券等所有割合

「**株券等所有割合**」とは、基本的には株券等の買付けを行う者（買付者）の保有する議決権の割合であるが、計算上様々な調整を要する。算式は次のとおりである。

$$\text{株券等所有割合} = \frac{\text{(a)買付者が当該買付け後に所有する株券等に係る議決権数} + \text{(b)特別関係者が当該買付け後に所有する株券等に係る議決権数}}{\text{(c)総株主等の議決権数} + \text{(d)買付者および特別関係者が所有する潜在株式に係る議決権数}}$$

この算式に関連して重要な点は以下のとおりである。

- 「株券等」には（議決権付）株式および新株予約権（行使することにより議決権付株式を取得できるもの）等が含まれる。
- 株券等所有割合の計算上、株券等を現に所有している場合のみならず、株券等の引渡請求権を有する場合も株券等に含めて計算する。他社株 TOB においては、これらの株券等にかかる議決権を最終的に取得する蓋然性が高く、実質的に議決権を取得済みとみなすのが適当と考えられたことによる。
- 議決権ベースで計算するため、自己株式は計算上除外される。
- （c）の総株主等の議決権数とは株式会社においては総株主の議決権の数をいうが、株主総会において決議をすることができる事項の全部につき議決権を行使することができない株式についての議決権が除かれる。
- 買付者が保有している潜在株式（新株予約権のように、権利を行使することによって議決権を有する株式を取得できる権利）に係る議決権の数が分母（(c)）および分子（(a)）に加えられる。
- 買付者本人のほか、特別関係者（下記⑷参照）が保有する株式（潜在株式を含む）に係る議決権の数も（一定の例外を除き）同様に加算する（(b）および（d）参照）

⑷ 特別関係者

特別関係者とは買付者と一定の深い関係にある者のことであり、他社株TOBにおいては、一定の場面（たとえば⑶の株券等所有割合の計算）において、特別関係者を買付者本人と同一視することとしている。

特別関係者には大きく分けて2つの類型がある。

第1の類型は資本関係や親族関係等の形式的基準に基づくもので、**形式的特別関係者**といわれる。

- 買付者が個人である場合、その親族[11]ならびに買付者（および親族）と一定の資本関係（以下に説明する特別資本関係）にある法人等とその役員が特別関係者に該当する。
- 買付者が法人等である場合、買付者の役員、買付者が特別資本関係を有する法人等およびその役員、買付者に対して特別資本関係を有する個人・法人等およびその法人等の役員が特別関係者に該当する。
- 特別資本関係とは、ある者が他の法人等の総株主等の議決権の20%以上を所有する関係をいうが、ある者（個人の場合は親族も含む）が総株主等の議決権の過半数を保有する法人等（被支配法人等）が保有する議決権も加えて算定される。

第2の類型は買付者との合意の内容に基づくもので、**実質的特別関係者**といわれる。具体的には、買付者との間で共同して株券等を取得し、譲渡しまたは議決権を行使することを合意している者をいう。

11) ただしここでの親族は買付者の配偶者および1親等以内の血族・姻族に限られる。

(5) 他社株TOBの適用除外

(2)に述べたような株券等の買付けは原則として他社株TOBの適用を受けるが、一定の類型の買付けは適用除外とされている。適用除外となる買付けにはたとえば次のようなものが含まれる。特に、一定のグループ内の法人からの買付けは適用除外の要件が複雑であるため、慎重に検討する必要がある。

- ・新株予約権や取得請求権の行使による株券等の買付け
- ・1年以上形式的特別関係者の関係にある者からの株券等の買付け
- ・自己と直接の兄弟会社の関係を1年以上継続している法人等からの株券等の買付け（★）
- ・グループ会社（関係法人等）全体で対象会社の総株主等の議決権の3分の1超を保有している場合の、他の関係法人等（1年以上継続して関係法人等であるものに限る）からの株券等の買付け（★）
- ・株券等の所有者が25名未満であって、公開買付けによらないことについて全員の同意を得ている場合その他一定の要件を満たしている場合の買付け（★）
- ・買付者と1年以上形式的特別関係者の関係にある者とで計算した株券等所有割合が50％超となる場合の買付け（ただし買付け後の(3)に説明した株券等所有割合が3分の2未満にとどまる場合に限る。）（★）

ただし、（★）印の付されたものは、60日間に10名以下の者からの買付けであることを要する（法令上「**特定買付け等**」と定義されている）。

対象会社の株式を順次買い集めて段階的に議決権保有割合を増やそうとする場合、(2)で述べたように、買付け後の株券等所有割合が3分の1を超えることとなる場合には、何らかの適用除外事由に該当しない限り買付けの都度他社株TOBの規制を受ける。ただし、上記のように、(算式が(3)のものとは微妙に異なるものの[12]) 株券等所有割合が50%超となった後の買付けは他社株TOBの適用除外となる。しかしながら、買付け後の株券等所有割合が3分の2以上となる場合、買付者とそのグループで株主総会の特別決議を可決させるに足りる議決権を保有することになるほか、株式の流動性が低下し市場での売却機会が減少する可能性があるため、既存株主の保護の観点から再度他社株TOBの適用を受ける。

(6) 全部買付義務・全部勧誘義務

(5)において述べたように、株券等所有割合が3分の2以上となることにより、少数株主の地位が弱くなることを踏まえ、買付けの結果株券等所有割合が3分の2以上となる場合には、一定の例外を除き、次のような規制が追加されている。

- 株券等の部分的な買付けが認められず、応募があった株券等はすべて決済しなければならない(**全部買付義務**)
- 株券等に複数の種類がある場合に一部の種類を買付けの対象から除外することができず、株券等に該当するすべての種類について保有者に対して応募の機会を提供する必要がある(**全部勧誘義務**)

(7) 手続規制と実体規制(開示規制と買付条件規制)

他社株TOBが適用される結果、金商法上要求される一定の手続((8)参照)に従う必要があるほか、応募株主の利益の保護およ

12) ここでの株券等所有割合は、買付者と1年以上形式的特別関係者の関係にある者とで計算した株券等所有割合である。(3)においてはすべての特別関係者が算定対象になる。つまり、形式的特別関係者の関係にある期間が1年未満の者および実質的特別関係者が含まれるか否かの違いがある。

び公正性の確保の観点から、買付けの条件に関して一定の規制が課される。別の言い方をすると、Ⅳ（p.66〜）に紹介した有価証券届出書のような単純な開示規制、つまり公開買付けの条件を適切に開示すればよいだけではなく、その条件の公正性自体が法令で直接規制されている点が公開買付規制の特徴であるといえる。

こうした買付条件に関する実体規制にはたとえば以下のようなものが含まれる。

・公開買付期間の規制（下記(8)参照）
・買付予定の株券等の数の規制（上限・下限の設定を含む）
・公開買付価格の均一性
・買付条件等の変更の制限
・全部買付義務および全部勧誘義務（上記(6)参照）
・別途買付けの禁止
・公開買付けの撤回事由の制限

(8) 他社株 TOB の手順

他社株 TOB の手順の概要は**図表8**のとおりである。

まず、公開買付けを行う者は公開買付けの開始にあたり、買付けの内容に関する公告（**公開買付開始公告**）を行い（この公告を行った買付者を「**公開買付者**」という）、かつ同日中に**公開買付届出書**を提出しなければならない。これに加えて、応募株主に対しては公開買付届出書とほぼ同内容を記載した**公開買付説明書**を交付する必要がある。これらは、上記Ⅳ1(2)③（p.72）で説明した有価証券届出書と目論見書の関係に類似したものである。

公開買付期間は公開買付公告および公開買付届出書に記載されるが、原則として20営業日以上60営業日以内の期間でなければならない。

図表8　他社株 TOB の手続の概要

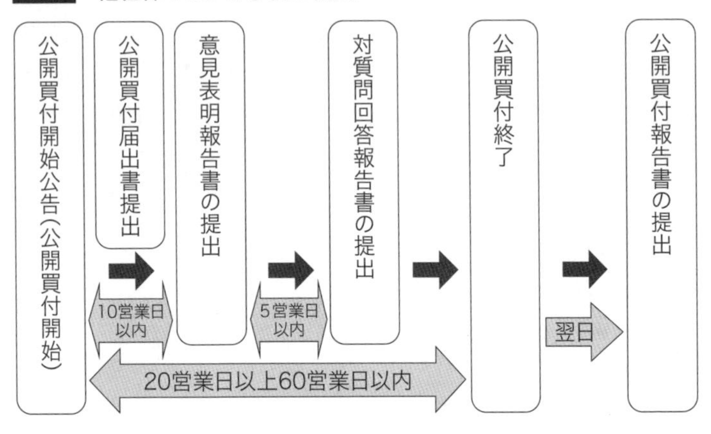

また、公開買付けの終了後には、公開買付けの結果を記載した**公開買付報告書**を提出したうえで、応募株主に対して**公開買付結果通知書**を交付する必要がある。

(9)　発行会社による情報開示――意見表明報告書

他社株 TOB は、いわば株主間の売買が適正に行われることを確保する手続であり、発行会社には関与の余地がないようにも思われるが、金商法上は発行会社にも次に述べるような義務が課されている。

公開買付けが提案された場合、対象会社（発行会社）の経営陣が当該公開買付けについて、または公開買付者が意図している今後の会社経営についてどのように考えているかは、株主が公開買付けに応じるか否かを判断するにあたって重要な情報であると考えられる。そのため、金商法上、対象会社（発行会社）は、公開買付開始公告が行われた日から 10 営業日以内に**意見表明報告書**

を提出しなければならないこととされている。

意見表明報告書には、公開買付けに対する意見（賛同する旨または賛同しない旨）が記載されるほか、公開買付者に対する質問を記載することができる。この場合、公開買付者は、対象会社から意見表明報告書の送付を受けた日から5営業日以内に、質問に対する回答を記載した書類（**対質問回答報告書**）を提出することが義務づけられている。

さらに、公開買付けの期間が30営業日未満である場合、対象会社は意見表明報告書に所定の記載をすることによって、法令が定める一定期間に限り公開買付期間の延長を求めることができる。

3 自社株 TOB

自社株 TOB は、上場会社自身が金融商品取引所外で自己株式を取得しようとする場合であって、会社法156条1項（株主との合意により自己株式を有償で取得する場合）の規定による、株主総会の決議に基づいて行う自己株式の取得を行う場合に適用される[13]。

他社株 TOB のように会社支配権の獲得を目的とするものではないこと、重要な情報を有する会社自身が行うものであること等を踏まえ、買付株数や金額にかかわらず金商法上の自社株 TOB の規定の遵守が義務づけられている。

その他、自社株 TOB は他社株 TOB の手続と以下の点で異なるものの、応募株主に対して平等に売却の機会を与え、正確な内

---

13) ただし、会社法160条1項の規定を適用し、株主総会の特別決議により、特定の株主から自己株式を取得することを決議した場合は除かれている。また、市場内で自己株式を取得しようとする場合には自社株 TOB の適用場面ではないものの別の規制が適用される可能性があるため留意が必要である（後記Ⅷ3（p.120）参照）。

容の買付条件を提示する必要がある等の点では他社株 TOB と共通するため、多くの手続が他社株 TOB と共通している。

- 特別関係者や株券等所有割合に関する規定が準用されていない
- 意見表明報告書、対質問回答報告書等のように、公開買付者と対象会社（発行者たる上場会社）とのやりとりに関連する規定が準用されていない

Ⅵ　開示規制各論③――株券等の大量保有に係る開示

1　大量保有報告書（５%ルール）とは

大量保有報告制度（いわゆる５%ルール）は、一定の割合以上の上場会社の株式等（基本的には、株式と新株予約権が含まれる。）を保有する者に、保有割合とその変動について報告することを義務づける制度である。これにより、対象会社の経営に一定の影響力を持つ者とその者の動向に関する情報や株式の需給に関する情報が開示され、株式の売買を行おうとする投資者や対象会社との間で共有されることとなる。

大量保有報告書は公開買付けの制度と類似点・共通点が多い。公開買付けは大量の株式を買い集める「行為」自体に対する規制であるのに対して大量保有報告書は大量の株式を保有するに至った「結果」の報告を求める規制であり、それぞれの役割が異なるが、公開買付けを行った者は大量保有報告書の提出も必要になることが多い等、両制度が密接に関連する場面もある。

2 大量保有報告書の提出義務者および提出期限

(1) 提出義務者

大量保有報告書を提出する義務を負うのは、一定の方法によって計算した「**株券等保有割合**」が5％を超える株券等[14]を保有する者（**保有者**）である（金商法27条の23参照）。TOB規制と異なり、上場会社の発行する株式等に限られる[15]。

「保有者」とはやや幅広い概念であり、自己の名義で現に所有する株券等に限らず、株券等の引渡請求権を有する場合[16]も、対象の株券等の保有者と扱われる点に注意が必要である。現に株券等の所有者となっていない段階であっても、株券等の引渡しを受ける権利を保有していれば、大量保有報告制度上は株券等の所有者と同様に取扱うのが適切と考えられるためである[17]。

株券等保有割合は発行済株式総数に対して保有者が保有する株式等の数の割合をいうが、計算上若干の調整を要する。算式で示すと次のとおりである。

---

14) 基本的には上場会社が発行する議決権付の株式や新株予約権がこれにあたる。

15) ただし、上場していない新株予約権であっても上場会社の発行するものである限りは、これを保有していても上記の意味で株券等の保有者となる。

16) 株券等を購入する契約はすでに締結済みであるがまだ株券等の引渡しを受けていない場合等がこれにあたる。

17) なお、こうした場合に加え、信託契約に基づき議決権の行使権限またはその指図権限を有する者で対象会社の事業活動を支配する目的を有する者や投資一任契約等に基づき投資権限を有する者も、該当する株券等の保有者と取り扱われる。

$$\text{株券等保有割合} = \frac{\text{(a)保有者の保有株券等の数} + \text{(b)共同保有者の保有株券等の数}}{\text{(c)発行者の発行済株式の総数} + \text{(d)保有者および共同保有者の保有する潜在株式等の数}}$$

この算式に関連して重要な点は以下のとおりである。

・(a)の「保有者の保有株券等の数」には、保有者が現に保有する株式だけでなく潜在株式(ストック・オプションその他の新株予約権)その他行使することによって株式を取得することができる権利が付された他の有価証券があれば、そのような権利を行使することによって得られる株式の数が加算される。つまり、保有者が有する権利をすべて行使して最終的に取得することができる株式数を計算する趣旨である。なお、発行会社自身が株券等保有割合を計算する場合、自己株式は「保有株券等の数」に含まれない。

・(b)の**共同保有者**とは、以下の者をいう。

(i) 株式の取得、譲渡、議決権の行使等を共同で行うことを保有者との間で合意している者(実質的共同保有者とよばれる)

(ii) 保有者と特別な資本関係や人的関係を有する者(会社であれば子会社、孫会社、兄弟会社等を含め議決権の50%超を保有する関係にあるグループ会社、個人であれば夫婦および夫婦で議決権の50%超を保有する会社等を広く含み、みなし共同保有者とよばれる)

　このような共同保有者が保有する株券等の数(潜在株式に係るものを含む)は、(a)と同様の方法で分子に加算される[18]。

・(c)の「発行者の発行済株式の総数」は、大量保有報告の報告義務が発生した日(後記(2)参照)における発行済株式総数をいうが、保有者がこれを把握できないこともあるため、直近の有価証券報告書等や商業登記簿等に記載された情報を参照することも認

18) なお、保有者と共同保有者との間で同じ株券等が重複計上される場合にはこれを調整する規定が設けられていることがある。

められている。この（c）の数の計算上は、分子の計算とは異なり、議決権のない株式（自己株式を含む）も算入される。
・(d) の「保有者および共同保有者の保有する潜在株式等の数」は、(a) および (b) で考慮した潜在株式等の数と同数となる。すでに保有する株券等の数は（c）で考慮されているため、潜在株式等のみが計算対象となる。

(2) 提出期限

株券等保有割合が５％を超える保有者は、超えることとなった日（この日が報告義務が発生した日となる）から５営業日以内に大量保有報告書を提出しなければならない。また、大量保有報告書で報告した株券等保有割合に１％以上の変動が生じた場合や大量保有報告書に記載した事項に変更が生じた場合には、これらの事由が生じた日（この日が報告義務が発生した日となる）から５営業日以内に**大量保有報告書の変更報告書**を提出しなければならない。提出は原則としてEDINETを通して行われる。

共同保有者が存在する場合、保有者本人と共同保有者の双方がそれぞれ大量保有報告書（および変更報告書）の提出義務を負う。そのため、保有者本人の保有状況に何も変化がなくても、共同保有者による株券等の取得、売却等によって新たに大量保有報告書や変更報告書の提出義務が生じることがあるため、大量保有報告書の提出を怠らないようにするためには、自身の状況に加えて自身の共同保有者となる者を正確に把握したうえで、共同保有者の行動を把握しておく必要がある。なお、大量保有報告書・変更報告書は、保有者本人と共同保有者が別々に提出することも連名で１通の書類を提出することも可能である。

提出期限については例外があり、頻繁に多数の銘柄の株式の売買を行うことを業とする機関投資家（金融商品取引業者、銀行、保険会社等）は、提出の負担を軽減するため、原則として、あらかじめ届け出た（原則）月２回の基準日[19]ごとに大量保有報告書・変更報告書の提出義務の要否を判断し、必要となった場合には、その基準日から５営業日以内に各種報告書を提出すればよいこととされている（いわゆる**特例報告**）。そのため、機関投資家の保有状況は、月２回のペースでしか把握できない可能性が高いことに留意が必要である。

ただし、さらにその例外として、機関投資家が原則通りの提出期限（報告義務が生じてから５営業日以内）に大量保有報告書を提出しなければならないこととされている場合がある。特に留意すべき事由は下記のとおりである。いずれも、株式の発行会社の支配および経営に関して重要な影響を及ぼしうるものであるため、機関投資家の事務負担よりも早期開示の必要性を優先させたものである。

- 株券等保有割合が10%を超える場合
- 重要提案行為等を行う場合

このように、機関投資家であるにもかかわらず原則通りの提出期限で（つまり通常の月２回のペースよりも早く）大量保有報告書が提出された場合は、機関投資家から何らかの強いアクションが実行される可能性を想定しておくことが望ましい。なお、**重要提**

19)　ただし法令上基準日の設定方法は機関投資家が好きなように２日間を選択できるわけではない。法令上は、(i) 各月の第２月曜日・第４月曜日（第５月曜日があれば第５月曜日も加えられる）とするかまたは(ii) 毎月の15日および末日（土曜日または日曜日の場合、直前の金曜日まで前倒しされる）のどちらかである。

図表9 **重要提案行為の対象事項一覧**

- 重要な財産の処分または譲受け
- 多額の借財
- 代表取締役の選定または解職
- 役員の構成の重要な変更
- 支配人その他の重要な使用人の選解任
- 支店その他重要な組織の設置、変更または廃止
- 株式交換、株式移転、株式交付、会社の分割または合併
- 事業の全部または一部の譲渡、譲受け、休止または廃止
- 配当に関する方針の重要な変更
- 資本金の増加または減少に関する方針の重要な変更
- 上場または上場廃止
- 資本政策に関する重要な変更
- 解散
- 破産手続開始、再生手続開始または更生手続開始の申立て

案行為等とは、株主総会または役員に対して、株式の発行会社またはその子会社に関する一定事項（**図表9**参照）を提案することをいうとされている。

3 大量保有報告書の記載事項

大量保有報告書には次のような事項が記載される。

- 提出者の概要
- 保有目的（純投資、政策投資、重要提案行為等を行うことといった事項が記載される）
- 重要提案行為等
- 保有株券等の内訳（保有態様ごとに、また株券等の種類ごとに株券等の数が記載される）
- 株券等保有割合

・最近60日間の取得または処分の状況
・担保契約等重要な契約（保有株券等に関する貸借契約、担保契約その他の重要な契約があればその契約の種類、契約の相手方、対象となる株券等の数、契約内容等が記載される）
・取得資金（報告義務が発生した日における取得資金の内訳を自己資金額、借入金額、その他の金額に分けて記載し、借入金の場合は借入先の名称等が記載される）

なお、共同保有者がある場合には、共同保有者の概要、共同保有者の保有株券等の内訳、株券等保有割合および保有者と共同保有者の合算ベースでの保有株券等の内訳と株券等保有割合が追加的に記載される。

4 大量保有報告制度への取り組み方

(1) 株主の動向把握の手段

株主管理を行う上場会社の担当者にとって、大量保有報告書は、株主の分布、株式の所有構造および大株主による株式の保有方針等を把握するうえで有用である。上記2に述べたように大量保有報告書は、株主名簿に記載される名義上の株主とは異なる実質的観点から、議決権を自分の意思に従って行使することができる者の属性と保有議決権数に関する情報、共同保有の状況、取得資金の状況、さらに一定の場合には保有する目的や意図に関する情報を入手することができる貴重な情報源であるため、株式担当者は、自社に関して提出されている大量保有報告書の提出状況を把握しておく必要性が高い。

なお、従来は、提出者が提出した大量保有報告書の写しを直接発行会社に送付することが要求されていたが、法令改正によってEDINETによって提出された大量保有報告書についてはその写しを発行会社に送付する必要がなくなった。その結果、上場会社自身が定期的・自発的にEDINETにより大量保有報告書の提出状況を確認しなければ、自社の株式を大量に保有する者の動向を把握することができないことがあるため注意が必要である。

⑵ 会社関係者による法令遵守

上場会社の役員やグループ会社が提出義務者となる可能性がある。そのため法令遵守の観点からも、これらの会社関係者による大量保有報告書・変更報告書の提出もれや記載誤りがないように常に注意する必要がある。特に、各保有者について共同保有者を把握し、共同保有者と連携して大量保有報告書・変更報告書の提出の要否を日常的に検討する必要がある。

また、2に述べたように（p.94）、自己株式が株券等保有割合の分子（(a)の「保有者の保有株券等の数」）に算入する必要がないため上場会社自身が単独で大量保有報告書を提出する必要はないが、共同保有者が存在する場合には提出が必要となる場合があるため、このような日常的な確認は上場会社自身にとっても重要となる。

Ⅶ 市場規制——インサイダー取引規制

1 インサイダー取引規制の趣旨

上場会社の役員・従業員は、投資家の投資判断に影響を及ぼすような上場会社に関する重要な情報の発生に関与し、またはその発生をいち早く知ることができる立場にある。すでに開示規制に関連して説明したように、このような重要な情報は適時に市場に開示し、投資家が公平に同一の水準の情報を保有した状態で自由に投資判断を行うことによって公正な株価が形成され、信頼できる株式取引市場が成立する。

ところが、上場会社の役員・従業員が、こうした重要な情報が市場に開示されていないにもかかわらず、これを用いて自分たちだけで株式を売買すること（インサイダー取引）は、市場に開示されなければ知ることができない一般投資家よりも著しく有利となり、極めて不公平である。このような事態が放任されれば、株式取引市場の公正性と健全性が損なわれ、市場に対する投資家の信頼を失うこととなる。そのため、インサイダー取引を禁止する必要がある。そこで、上場会社の役職員を含む一定の関係者（会社関係者等）が当該上場会社に関する未公表の重要な事実（重要事実）を知っている場合は、当該重要事実が公表されるまで当該上場会社の株式を売買することが禁止されている。この規制は一般に**会社関係者のインサイダー取引規制**とよばれる（金商法166条参照）。

このように、会社関係者のインサイダー取引規制は、上場会社に関する重要な情報に関連した規制であるが、このような情報だけでなく、公開買付けを実施するという情報も株価を上昇させる可能性があることから投資判断上重要な情報と位置づけられ、未公表の公開買付けに関する情報を知った者が対象会社の株式を買うような行為が放任されることを許すべきではない。そのため、公開買付者とその関係者（公開買付者等関係者）が未公表の公開買付け[20]に関する情報を知っている場合は、当該情報が公表されるまで対象会社の株式を買うことが禁止され、また、公開買付けを中止するという情報を知っている場合は、当該情報が公表さ

20）公開買付けに準じる一定の買い集め（典型的には５％以上の株式の買い集め）も含まれる。

れるまで対象会社の株式を売ることが禁止される。この規制は一般に**公開買付者等関係者のインサイダー取引規制**とよばれる（金商法167条参照）。どちらも重要な規制であるが、以下では日常的に特に注意が必要な会社関係者のインサイダー取引規制にしぼって説明する。

2 会社関係者のインサイダー取引規制の概要

(1) 規制の対象者および対象となる取引

Ⅱにおいて述べたように（p.61）、インサイダー取引規制は主たる市場規制であり、

- 規制に違反すると、実際に売買を行った役職員が処罰の対象となるほか、役職員が上場会社における業務として売買を行った場合には当該上場会社も処罰の対象となり得る点で、上場会社と役職員の両方に対する規制であること
- 株式を売買する局面における規制であること

が重要となる。

会社関係者のインサイダー取引規制の概要は図表10のとおりである。

インサイダー取引規制の対象となる者は次の3類型にまとめられる。

- 上場会社の役職員、帳簿閲覧権を有する上場会社の株主、上場会社に対して法令に基づく権限を有する者、上場会社との間で契約を締結している者（契約交渉中の者も含む）から成る**会社関係者**（これらの者が法人である場合にその法人の役職員もまた会社関係者となる）
- 会社関係者であったときに重要事実を知り、会社関係者でなくなって1年以内の者（いわゆる元会社関係者）

図表10　インサイダー取引規制の概要

1．会社関係者等のインサイダー取引規制（金商法166条）の要件

（1）会社関係者

① 会社関係者[注1]が、
② 上場会社等の業務等に関する重要事実を、
③ その者の職務等に関し知りながら、
④ 当該重要事実が公表される前に、
⑤ 当該上場会社等の株券等の売買等[注2]を行うこと

を禁止している。

（注1）元会社関係者（会社関係者でなくなった後1年以内の者）も同様

（注2）売買その他の有償の譲渡・譲受けまたはデリバティブ取引をいうが、有価証券の発行とこれに対応する原始取得は含まない。また、合併等に基づく包括承継により株式の所有権が移転する場合も含まないと解されている。

（2）情報受領者

(a) 会社関係者（元会社関係者を含む。）から重要事実の伝達を受けた者
(b) 当該伝達を受けた者が所属する法人の役員等であって、その者の職務に関し重要事実を知った者

が当該重要事実が公表される前に売買等を行うことも禁止されている。

（(b) の場合を除き、会社関係者から情報を受領した者（いわゆる第一次情報受領者）に限定されるため、第二次情報受領者は規制の対象とならない。）

2．違反の制裁

（1）課徴金

・重要事実が公表された日以前6か月以内に自己の計算でインサイダー取引規制に違反する売買を行った場合、売買を行った者（役職員等）に対して課徴金が課される
・重要事実が公表された日以前6か月以内に上場会社の役職員等が当該上場会社の計算でインサイダー取引規制に違反する売買を行った場合、当該上場会社に対して課徴金が課される

（2）刑事罰

・5年以下の懲役もしくは500万円以下の罰金、またはこれらを併科される
・上場会社の役職員が、当該上場会社の業務または財産に関してインサイダー取引規制違反を行った場合には、当該上場会社には5億円以下の罰金刑が科される

・会社関係者および元会社関係者から重要事実の伝達を受けた者（**情報受領者**）

補足すると、会社関係者は、その特権的な立場に関連して重要事実を知ったときにのみインサイダー取引規制が適用される。たとえば、役職員であればその職務に関し重要事実を知ったとき、それ以外の会社関係者は権利・権限の行使に関し重要事実を知ったときに規制の対象となる。これ以外の場面（飲み会でたまたま重要事実を耳にした場合等）では会社関係者としてインサイダー取引規制の対象とはならない。しかし、この後に説明する情報受領者として依然として規制対象となる可能性は残っているため注意が必要である。

元会社関係者は、会社関係者であったときに上記のように職務または権利・権限の行使に関し重要事実を知り、会社関係者でなくなったが1年を経過していない者をいう。

また、情報受領者は会社関係者・元会社関係者から情報の伝達を受けた者（いわゆる第一次情報受領者）に限定されるため、第一次情報受領者からさらに伝達を受けた者（第二次情報受領者）はインサイダー取引規制の適用を受けない。しかし、金商法上、第一次情報受領者にあたる個人が法人の役職員としてその職務上重要事実の伝達を受け、同じ法人内で他の役職員が職務に関しその重要事実を知った場合、当該他の役職員も第一次情報受領者として依然としてインサイダー取引規制の適用対象であるため注意が必要である。さらに、第二次情報受領者であれば規制が外れるというルールの悪用を防ぐため、第一次情報受領者とされる者が道具や形式上の受領者にすぎない場合は、その者を介して情報を受領する実質的な情報受領者が、見かけ上は第二次情報受領者であるものの金商法の適用上は第一次情報受領者としてインサイダー取引規制の適用対象となる場合も考えられるためやはり注意が必要である。

なお、上場会社自身が自己株式を取得する行為および自己株式を処分する行為にもインサイダー取引規制の適用がある。これに対して、上場会社が新株を発行する行為にはインサイダー取引規制の適用はないと解されている。

⑵ 重要事実

（役員・従業員の場合を考えると）インサイダー取引規制が適用されるのは、役員・従業員が未公表の「**重要事実**」を職務上知りながら株式の売買を行うことである。未公表の事実を知りつつ株式の売買を行ったとしても、その事実が「重要事実」でなければインサイダー取引規制違反とはならない。

重要事実は以下の類型に大別でき、詳細は法令において列挙されている。

(a)　上場会社の業務執行を決定する機関が一定の重要な事項を行うことについての決定をしたこと（または公表済みの決定した事項を行わないことを決定したこと）（決定事実）（図表11 参照）
(b)　上場会社に一定の重要な事実が発生したこと（発生事実）（図表12 参照）
(c)　売上高・経常利益・純利益および剰余金の配当について公表された直近の予想値に比べて新しく算出した予想値や決算結果と一定の水準以上の差異が生じたこと
(d)　これら以外であって、上場会社の運営、業務または財産に関する重要な事実であって投資者の投資判断に著しい影響を及ぼすもの（**包括条項**）
(e)　子会社について、上記（a）～（d）に相当する事実

図表 11　決定事実の例

- 株式または新株予約権の発行（自己株式の処分を含む）
- 資本金の額／準備金の額の減少
- 自己株式の取得
- 株式の分割
- 剰余金の配当
- 株式交換／株式移転／合併／会社分割／事業の譲渡または譲受け
- 新製品または新技術の企業化
- 業務上の提携または業務上の提携の解消
- 子会社の異動を伴う株式の譲渡または取得
- 固定資産の譲渡または取得
- 事業の全部または一部の休止または廃止

図表 12　発生事実の例

- 災害に起因する損害または業務遂行の過程で生じた損害
- 主要株主の異動
- 訴訟の提起または判決等
- 事業の差止め等を求める仮処分命令の申立てまたは裁判等
- 免許取消その他行政庁による処分
- 親会社の異動
- 債権の取立不能または取立遅延のおそれ
- 主要取引先との取引の停止

なお、上記（d）の包括条項が広く適用される可能性に留意すべきである。つまり、(a)～(c）の中に具体的に記載されていない事実であっても、個々の状況に照らして投資者の投資判断上重要と判断される場合には重要事実に該当する可能性がある。過去に包括条項が適用されて制裁を受けた事例があることに注意が必要である。

なお、上記（a）～（c）（および（e））の中には法令上、一定の軽微基準が設けられているものがある（一部の例が**図表15**に記載されている）。形式上は（a）～（c）（および（e））に該当する事実であっても、軽微基準に該当することが明らかであれば、経済的規模が小さいことから投資判断に及ぼす影響が重要ではないと考えられることから、インサイダー取引規制の対象外とされている。

また、上記（a）で「行うことについての決定」をしたことという表現が用いられている（「行うことの決定」ではない）点に注意が必要である。たとえば、業務提携の場合、最終的な業務提携の決定に限らず、そのための準備となる行為や取引に関する決定も含まれる。また、このような準備となるような行為を行うことに関して事実上決定しうる者による決定で足りると考えられているため、いわゆる取締役会決議がある必要はない。経営会議、常務会といった経営陣の会議体による決定や、場合によっては代表取締役の決定をもって上記の「業務執行を決定する機関が一定の重要な事項を行うことについての決定」があったと認定される場合も少なくない。このような注意事例は、裁判例のほか、証券取引等監視委員会のウェブサイトにも掲載されている。

また、（e）にも記載したとおり、上場会社自身に限らずその子会社[21)]に関する重要事実も含まれる点に注意が必要である。

⑶ 重要事実の公表の意味

重要事実を知ったとしても、当該重要事実がすべて公表された

21）このインサイダー取引規制における子会社の定義は会計上・会社法上の子会社の定義とは異なる。具体的には、直近の有価証券報告書等に子会社として記載された会社のことをいう。

後であれば、株式の売買を行ってもインサイダー取引規制違反とはならない。もっとも、金商法における「**公表**」の意味は法令上限定的に定義されており、一般的にイメージされる公表の意味よりも狭いため留意が必要である。「公表」に該当するには、基本的には以下のいずれかによらなければならない。

- 報道機関2社以上に対して公開し、公開から12時間が経過すること
- 金融商品取引所の規則に基づく適時開示
- 有価証券届出書、有価証券報告書、四半期報告書、臨時報告書等の金商法上の開示書類の提出

そのため、いわゆるスクープ報道によって重要事実が世間の知るところとなったとしても、上場会社として上記の公表措置を講じていなければ、法令上はいまだに「未公表」のままである。そのため、重要事実を知っている上場会社の役職員が株式の売買を希望する場合、または上場会社自身が自社株買いを考えている場合は、該当する重要事実のすべてについて、上記の意味での公表措置をすべて完了していることを確認する必要がある。

Column 2-4 インサイダー取引規制における重要事実の包括条項とIR実務担当者の嗅覚

インサイダー取引規制における重要事実は、明確化の観点から限定列挙とされているものの、本文で述べた包括条項が存在するために実質判断を要することとなり、常に注意が必要となる。

ある事実が包括条項の適用により重要事実となるか否かは法律問題であるため、個別の事例について外部の法律専門家の意見を入手することがあると思われるが、この意見は前提事実によって影響を受けるところ、外部の法律専門家がすべての背景事情を把

握できるわけではないため、必ずしも実態を反映した正確な意見が入手できるとは限らない。

包括条項にいうところの「上場会社の運営、業務または財産に関する重要な事実であって投資者の投資判断に著しい影響を及ぼす」かどうかは投資家目線で重要性を判断することを意味する。これは結局のところ、IR 実務担当者の肌感覚に沿った重要性判断が間違いないように思われる。IR の場面において、ある情報を知らされたか否かによって投資家（特に、機関投資家）の反応や自社への見方（評価）が変わることが予想される場合や多くの機関投資家の関心事であることが予想される場合、その情報は重要事実に該当する可能性が高いと思っておいた方が安全である。

会社内部ではそこまで重要ではないと思っていた事実が、後々公表された際に予想よりも大きく株価を変動させることとなり、事後的に当局から包括条項に該当する重要事実であると指摘される可能性も皆無ではない。包括条項の重要事実は株式市場の反応を材料に結果論として判断される危険をはらんでいる。

そのため、株主の反応に接している IR 実務や株式実務担当者のセンスというのは個々の場面における重要事実の判断において不可欠な「リアル」のインプットである。この点を踏まえ、法令解釈や過去の処分事例を踏まえた法務担当者の分析、財務インパクトに関する経理担当者の分析に IR 担当・株式実務担当者のリアルなインプットを連携させることによって重要事実か否かに関する実質的な判断を行うことが望ましいと考える。

2　会社関係者のインサイダー取引規制の適用除外

(1)　適用除外の概要

金商法では、政策的理由または実質的に市場の公正性や投資家の信頼を損なうことがないといった理由から、一定の事由に該当する場合にはインサイダー取引規制が適用されないこととなっている。主な適用除外は次のとおりである。

- 新株予約権（ストック・オプション等）その他のオプションの行使による株式の取得
- 株式買取請求権または法令上の義務に基づく株式の売買
- 会社法の株主総会決議または取締役会決議に従った自己株式の取得
- 重要事実を知っている者との間で取引所外にて行う売買（クロクロ取引といわれる）
- 未公表の重要事実を知る前に定めた一定の契約・計画に従った売買（**知る前契約・計画**）
- 一定の要件のもとで計画的・継続的に行われる役員持株会・従業員持株会等による購入

(2) 自己株式の取得の留意点

自己株式の取得に関する適用除外について補足すると、**図表11**に記載のとおり（p.105）、上場会社が自己株式の取得を決定することは重要事実となる。そのため上場会社が自己株式の取得を実行するためにはその重要事実を公表する必要がある。ところが制度上は具体的な取得条件（取得株式数や取得価格等）も重要事実に含まれるため、適用除外がない場合、事前に取得条件を公表したうえで取得しないとインサイダー取引規制に違反するという結果になってしまう。しかしこれでは具体的な取得条件の公表によって株価が上昇してしまい、特に市場取引による自己株式取得を意図している場合、当初予定していた条件で自己株式を取得することができなくなり、上場会社にとって大きな負担となる。そこで、適用除外が設けられ、自己株式の取得のうち、いわゆる取得枠の決定に相当する決議に関して公表さえしておけば、その枠内での上場会社による個々の自己株式の取得については、事前に具体的な条件を公表することなく実行してもインサイダー取引規制に違反しないこととされている。

たとえば、定款授権に基づく自己株式の取得（会社法165条2項、3項）の場合は、市場取引による自己株式の取得の取締役会決議の内容（取得する株式の総数、取得価額の総額、取得期間等）を公表すれば、当該決議に基づく上場会社自身の自己株式の取得はインサイダー取引規制違反とならない。

ただし注意すべき点が2つある。

- 第1に、これは自己株式の取得を円滑に進めるための例外的措置であるため、上場会社自身の自己株式の取得のみが対象となる。取得枠決議の公表後、具体的な取得条件が決定された後これが公表される前に当該取得条件の内容を知っている役職員が自ら上場会社の株式の売買を行うことはインサイダー取引規制違反となる。
- 第2に、この適用除外は（具体的な）自己株式の取得に関する重要事実のみに関するものであるため、具体的な自己株式の取得時点で他の未公表の重要事実がある場合には、その重要事実との関係で自己株式取得がインサイダー取引規制違反となる。そのため、自己株式の取得を具体的に行う時点では、（その取得の条件以外の）重要事実がすべて公表されていることを確認したうえで実施する必要がある。

⑶ 知る前契約・計画

未公表の重要事実を知った者が行う売買であっても、重要事実を知ったことと無関係に行われる売買等であれば証券市場の公正性や投資家の信頼を損なうことはないと考えられることから、重要事実を知る前にあらかじめ締結された契約や決定した計画に基づく売買はインサイダー取引規制違反とならない。これは、報酬として付与された上場株式を売却しようと考えている役職員が、予期に反して上場会社の重要事実を知ってしまい、インサイダー取引規制の対象となり株式の売却ができないという事態を回避する策として活用の余地がある。

適用除外の要件の概要は次のとおりであるが、細かい留意事項が多いため、実際に利用する際には法令上の要件を満たしているか否かを慎重に確認する必要がある。

- 重要事実を知る前に締結された契約または決定された計画の実行として株式を売買すること
- 契約や計画の事後的な捏造防止のため、一定の要件を満たす証券会社による提出日の確認、確定日付の付与または公表措置を講じること
- 売買等の別、銘柄および期日ならびに当該期日における売買等の総額または数が特定されているかまたは裁量の余地がない方式[22)]により決定されること

3 情報伝達・取引推奨行為の禁止

平成25年の金商法改正により、新たに「情報伝達・取引推奨行為」についてもインサイダー取引規制違反の対象となった。つまり、自分自身が上場株式の売買をしない場合であっても、他の者に利益を得させる目的または損失を回避させる目的で (i) 未公表の重要事実を提供すること（**情報伝達**）、さらには (ii) 具体的な重要事実を伝えず、単に株式の売買を勧めるような行為を行

22) 実務上は「裁量の余地がない」の意味が問題になることが多い。ベスト・プラクティスとしては、誰が読んでも期日や当該期日における売買等の総額または数が一義的に明らかであるような定め方を心掛けるべきである。

うこと（**取引推奨**）も禁止されるようになった。過去の不祥事事案を踏まえ、未公表の重要事実に関する情報を自ら利用して利益を得るような行為だけでなく、そのような情報を他人に利益を得させるように利用する行為も同様に許すべきではないという指摘があったことによるものである。

なお、IR活動として、投資家に対して自社の財務状況等を説明しつつ自社への投資を推奨することは、他の者に利益を得させる目的または損失を回避させる目的での情報伝達・取引推奨ではないため、健全なIR活動がこれらの規制によって阻害されることは意図されていない。しかし、情報伝達・取引推奨についても実際に処分事例が公表されており、注意が必要である。親密な得意先や個人的に恩義がある相手に対して利益を得てもらうことを期待して情報提供・取引推奨を行う場合には金商法違反となる可能性が高い。

4　役員に適用される関連規制

また、インサイダー取引を未然に防止するという観点から、会社の役員については下記のルールがあることも認識しておく必要がある。

- 短期売買差益返還請求：役員は、上場株式を買い付けた後6か月以内に売り付け、または上場株式を売り付けた後6か月以内に買い付け、その結果として利益を上げた場合においては、一定の除外事由（ストック・オプションや株式報酬によるもの等）に該当しない限り、上場会社は、その役員に対して、当該利益を上場会社に提供するよう請求することができる。
- 売買報告書の提出：役員は、上場会社の株式の買付けまたは売付けをした場合には、売買等があった日の属する月の翌月15日までに売買報告書を当局（所管の財務局）に提出しなければならない。売買報告書から上記の短期売買差益の発生が認められる場合、当局から該当箇所の写しが役員に送付され、役員がこれに異議を申し立てない限り、差益を上場会社に提供しなければならないこととなる。

Ⅷ　その他の制度

1　相場操縦行為等

上記Ⅶで述べたもの以外に、株式市場の公正を確保するため上場会社と役職員を問わず、一律に禁止されている行為がある。

第１が**相場操縦行為**である。株価は株式を発行する会社の価値を適正に反映し、株式の需要と供給のバランスによって形成されるものである。これを特定の者が人為的に操作することは、正常な投資判断による自己責任の原則では説明のつかない不利益を一般投資家に与えることになるばかりか、株価を意図的に操縦した者がほしいままに株式の売買から利益を得ることとなり、株式市場の公正・公平を害し、市場に対する信頼を大きく損なうこととなる。

そのため、意図的に相場を操縦する行為が禁止されている。たとえば、法令上以下の行為が禁止されている。

・仮装取引：実際に売買の意図がないにもかかわらず、他人に誤解させる目的をもって株式の売買を仮装すること
・馴合取引：他人に誤解させる目的をもって相手方と通謀して売買を行うこと
・相場操縦的な現実の売買：取引を誘引する目的をもって、株式の

売買が頻繁に行われていると誤解させるか、または株価の変動をもたらせるような一連の売買を実際に行うこと
・表示による相場操縦：自己または他人の操作によって株価が変動するべき旨を広く流布させること、または重要な事項について虚偽でありまたは誤解を生じさせるべき表示を故意に行うこと

第２に、相場操縦に該当しなくとも、株価の変動を図る目的をもって、風説を流布し、偽計を用い、または暴行もしくは脅迫をしてはならない。なお、「**風説の流布**」とは、株式の取引（上場会社による新規株式の発行を含む）のため、または株価の変動を図る目的をもって、合理的な根拠のない情報を、広く不特定多数の者が認識できるような状況で広めることをいう。

2　フェア・ディスクロージャー・ルール

フェア・ディスクロージャー・ルールとは、投資者間での情報開示の不公平が起きないように、上場会社およびその役員等の情報提供者が、特定の者（**取引関係者**）に**重要情報**[23)]を伝達するときは、同時に、その重要情報を公表しなければならないことを定めるルールである。概要は図表13および図表14のとおりである。また重要情報の概要は図表15を参照。

たとえば、未公表の決算等に関する重要な情報をＩＲ担当者が投資家向けの決算説明会で出席者に提供したり、株主総会の席上で担当役員が株主に提供したりする場合、本ルールの対象となり、

23）インサイダー取引規制における「重要事実」と異なる用語が用いられている。一般には、フェア・ディスクロージャー・ルールの「重要情報」のほうがインサイダー取引規制における「重要事実」よりも広いと考えられる。

図表13　フェア・ディスクロージャー・ルールの概要

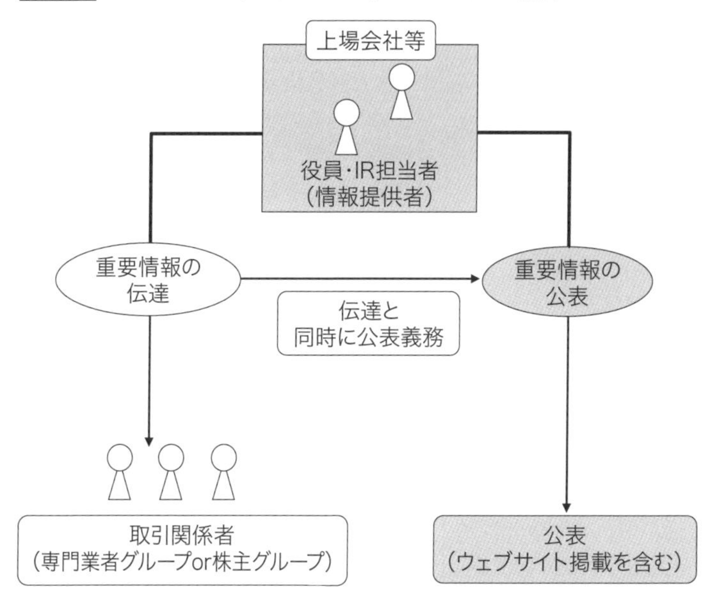

当該情報を公表することが要求される可能性があるため留意が必要である。

なお、フェア・ディスクロージャー・ルールとインサイダー取引規制は互いに類似した制度ではあるが、目的・機能において異なる点もある。インサイダー取引規制は上場会社の売買を取り締まりの対象とする。一定の立場の者が上場会社に関する未公表の重要な情報を知ったのであれば「公表されるまで売買するな」という規制である。未公表の重要事実を知った者が株式を自由に売買することができるよう上場会社による重要事実の公表を促す効果はあるものの、基本的には上場会社に対して公表を直接に義

図表14　フェア・ディスクロージャー・ルールの概要

要　素	概　　要
情報提供者 （ルールの対象となる情報伝達者）	上場会社・役員等 （役員等には、使用人のうち取引関係者に情報を伝達する職務を行う者のみが含まれる。）
取引関係者 （ルールの対象となる情報受領者）	①金融商品取引業者、登録金融機関等（専門業者グループ） ②上場会社による投資家向け広報業務に関して重要情報の伝達を受け、当該重要情報に基づく投資判断に基づいて上場会社の株券等の売買等を行う蓋然性が高い者（株主グループ）
重要情報 （ルールの対象となる上場会社に関する情報） （図表13参照）	当該上場会社の運営、業務または財産に関する公表されていない重要な情報であって、投資者の投資判断に重要な影響を及ぼすもの
公表義務 （ルールが適用される場合に情報提供者に課された義務） ※ここでの「公表」はインサイダー取引規制における「公表」よりも少し広い意味であり、1年以上自社のウェブサイトに掲載する方法も含まれる。	原則　取引関係者への重要情報の伝達と同時に公表する義務 例外①　同時公表が困難な一定の場合には、取引関係者への重要情報の伝達を知った後速やかに重要情報を公表する義務 例外②　守秘義務等を負う取引関係者への伝達の場合は、公表は不要 その例外　守秘義務等の違反を知ったら、速やかに公表する義務 さらに例外　重要情報を公表できないとき「やむを得ない理由」があればこの場合でも公表は不要

図表15　フェア・ディスクロージャー・ルールの対象となる重要情報の例

インサイダー取引規制の対象	インサイダー取引規制の対象外
重要事実（法令上限定列挙）	軽微基準
株式の募集	振込金額総額が1億円未満
資本金の額の減少	－
株式交換・株式移転	子会社となる会社の総資産額が親会社となる会社の純資産額30%未満かつ売上高10%未満
合併	合併による資産増加額が純資産額30%未満かつ売上高10%未満
災害に起因する損害又は業務遂行の過程で生じた損害	損害額が純資産額の3%未満
上場廃止申請	－
財務情報	**公表済の数値からの売上高10%未満かつ経常利益・純利益30%未満の変動**
新製品・新技術の企業化	今後年間の3年度ごとの売上増加額が売上高の10%未満かつ支出額が固定資産の10%未満
包括条項 **「投資者の投資判断に著しい影響を及ぼすもの」**	

（注）太字部分がフェア・ディスクロージャー・ルール上の「重要情報」である

務づけるものではない。これに対して、フェア・ディスクロージャー・ルールは上場会社に対して未公表の重要情報の公表を直接義務づける規定となっている。このルールは未公表の重要情報を受領した者に対する規制ではない点でインサイダー取引規制と内容が異なっている。

Column 2-5 株主総会におけるフェア・ディスクロージャー・ルールの適用

フェア・ディスクロージャー・ルールはIR業務（投資者に対する広報に係る業務）に関して株主に情報伝達される場合に適用される。株主総会がこの意味でのIR業務に該当するか否かにはついては実務上不明確な点があることから、実務上は株主総会での情報伝達にはフェア・ディスクロージャー・ルールが適用される可能性があることを前提に運用されている。

そのため、株主総会における株主からの質問に対する役員の回答がフェア・ディスクロージャー・ルールの適用を受けることを根拠に、重要情報に該当しうる事項（特に、第1四半期の業績等に関する事項）に関する株主からの質問に対する回答は控える方が望ましいという法律専門家の意見も見受けられる。

そもそも、役員が会社法上説明義務（会社法314条参照）を負うような事項についてフェア・ディスクロージャー・ルールの適用があるのかという点については様々な意見がみられる。そもそもこのような場合、役員は自らの選択で株主に情報を伝達するわけではなく、株主の求めに応じて情報を伝達する法律上の義務を負っている。また、株主総会に出席した株主の全員が等しくこの情報を入手することができる。そのため、株主総会における株主質問に対する回答はフェア・ディスクロージャー・ルールの適用場面（一部の株主・投資家に対する選択的な情報提供）ではないようにも思われる。他方、役員が説明義務を負う事項は株主総会の目的事項（決議事項・報告事項）に関連するものであり、株主が議決権行使するうえで重要と思われる事項が想定されているが、そのような事項の多くは投資家の投資判断においても重要であることが多いと考えられる。そのため、株主総会における株主質問に対する回答はフェア・ディスクロージャー・ルールにしたがって公表されるべきともいえる。

株主総会において株主に提供される情報には２つの類型があると思われる。第１の類型は会社側から積極的に株主に説明することを意図していた情報で、いわゆる投資家説明会・決算説明会といったIR の文脈で提供する情報と同質のものである。決算説明会で情報提供すればフェア・ディスクロージャー・ルールの対象となるのに株主総会における株主の質問に対する回答という形式をとるのであれば同ルールが適用されないというのはバランスが悪い。株主総会の株主の質問がこういったIR 目的で使われる可能性がないとはいえない。極端な例であるが、毎年の株主総会で大株主が第１四半期の業績について質問し、IR 担当役員が毎回これに回答することが通例となっているような場合にフェア・ディスクロージャー・ルールの適用がないというのは不自然であろう。そのため、株主総会における株主の質問に対する回答が当然にフェア・ディスクロージャー・ルールの対象外となるとは考えにくい。

これに対して第２の類型は株主の質問がなければ株主に対する伝達を予定していなかった種類の情報である。この場合は株主からの質問によって回答を余儀なくされるという意味で、フェア・ディスクロージャー・ルール上の意図しない情報伝達に準じて、回答（伝達）と同時ではなく、回答後（株主総会の終結後）速やかに公表する、つまり定時株主総会の終了後、速やかに質疑応答を公表するというプラクティスによってフェア・ディスクロージャー・ルールを遵守したことになるという解釈が認められることが望ましいと考えられる。
フェア・ディスクロージャー・ルールを株主質問に対する回答を拒否する根拠とすべきかどうかは難しい論点であるし、フェア・ディスクロージャー・ルールを機に、会社法上の役員の説明義務の範囲についても解釈の明確化が望まれる。

3 自己株式取得に関する規制

上場会社が自己株式を取得しようとする場合には、取得方法によって様々な規制が適用されることに留意が必要である。全体像は図表16をご参照いただきたい。

まず、市場外で自己株式を取得しようとする場合は、前記Ⅴ3に述べた自社株TOBの規制が適用される。この規制の適用を受けないためには、会社法上の特定の株主からの相対による自己株式の取得手続による必要がある（ただしその場合は株主総会の特別決議が必要となる）。

これに対して、市場内で自己株式を取得しようとする場合には、株主総会の特別決議を含む会社法上の一部の手続が不要となる（会社法165条1項参照）。ただし、この場合には、不公正、不適切な方法で自己株式の買付けを行うことが相場操縦につながる可能性があることから、金商法上自己株式の買付価格、買付株式数等につき一定の制約が課されている。

まず、金融商品取引所が適当と認める方法として指定されている下記の3つの方法（東京証券取引所の場合を紹介する。）による場合は、後述する厳格な規制の適用が除外される。

図表16　自己株式の取得に適用される規制の類型

- 市場外での取得
  - 自社株TOB
  - 特定の株主からの相対取引による取得
- 市場内での取得
  - 事前公表型
    - ・オークション市場における買付け
    - ・終値取引(ToSTNeT-2)による買付け
    - ・自己株式立会外取引(ToSTNeT-3)による買付け
  - それ以外の方法による市場内での買付け

> ・事前公表型のオークション市場における買付け
> ・事前公表型の終値取引（ToSTNeT-2）による買付け
> ・事前公表型の自己株式立会外買付取引（ToSTNeT-3）による買付け

これ以外の方法、典型的には、上場会社自身が金融商品取引業者を通じてオークション市場から通常通りの買付けを行うことにより自己株式を取得する場合には、たとえば下記のような厳格な規制を遵守しつつ買付けを実行する必要がある。

> ・１日に２社以上の金融商品取引業者を利用しないこと
> ・買付けは指値注文とし、前日の終値または直前の売買価格以下の価格で注文すること
> ・１日の買付注文の数量が法令上計算される所定の数以内であること

さらに、上場会社が自己株式の取得について会社法156条1項に基づく株主総会または取締役会の決議を行った場合には、金商法に定める**自己株券買付状況報告書**を提出しなければならない。

自己株券買付状況報告書は、上記の決議を行った株主総会または取締役会の終結日の属する月から、当該決議において定められた自己株式を取得することができる期間の終了日の属する月までの各月（報告月）ごとに、各報告月の翌月15日までに提出しなければならない。

たとえば、6月下旬に株主総会または取締役会によって自己株式の取得の決議を行い、取得できる期間を9月末までとした場合には、7月15日、8月15日、9月15日および10月15日の4回にわたり報告書の提出が必要となる。

自己株券買付状況報告書は、有価証券報告書等と同様に公衆縦覧され、企業内容等開示府令において様式が定められている。基本的には、自己株式の「取得状況」「処理状況」「保有状況」を開示することとされている。

4 委任状勧誘規制

金商法では、上場会社の議決権を自己または第三者に代理行使させるよう勧誘すること（**委任状勧誘**）に際して、一定のルールを定めている（金商法194条）。株主に対する株主総会における議決権の代理権授与が無制限になされると、取締役の利益のために悪用される可能性や不十分な情報提供によって株主の誤解を招く可能性があるためである。具体的には、勧誘の対象者となる株主に対して、委任状の用紙および参考書類を交付することを定めており、参考書類に記載すべき事項は議案の内容に応じて法令上具体的に規定されている（上場株式の議決権の代理行使の勧誘に関する内閣府令参照）。

通常の場面では委任状勧誘規制が問題になる場面はあまりないが、上場会社の現経営陣に批判的な株主が自ら議案を提案し、それを成立させるために他の株主から委任状を集めようとしている場合に上場会社がこれに対抗しようとする場合（いわゆる委任状争奪の場面）においては委任状勧誘規制の適用が問題となる。

また、実務上、書面投票制度を採用している上場会社が、株主総会における突然の手続的動議や議案の修正動議に安定的に対応するため、一部の大株主から委任状を得ておくという対応がとられることが多いと思われるが、この場合も委任状勧誘規制の適用の対象となる可能性があるとの指摘があるため、念のため留意が必要である。大株主が上場会社と親密な関係がある等の理由により協力的な場合には、勧誘を伴わず大株主が自主的に委任状を提出したとの構成も考えられる。また、法令上、上場会社またはその役員のいずれでもない者が行う勧誘であって勧誘の対象者が10人未満である場合には委任状勧誘規制の適用がないとされていることから、この免除要件を満たすように勧誘者を工夫する（たとえば上場会社の従業員や上場会社の役職員でない者が勧誘者となる）案も考えられる。

第3章

株式実務担当者のための

税法の基礎知識

Ⅰ　はじめに

本章は、株式実務担当者の皆様の実務において役立つと思われる税法の基礎知識の概要をとりまとめたものである。税法は複雑難解な法律であるうえ、極めて多くの分野をカバーするものであり、その内容の詳細について株式実務担当者の皆様が把握しておく必要はないと思われる。しかし、皆様が通常担当しておられる株式実務が上場会社およびその株主に及ぼす税務上の影響について基礎的な知識を身につけておくことは、ご担当の株式実務の全容に関する理解を深めるうえで有用であると思われる。

このような観点から、本章では上場株式と密接に関連すると思われる国税である法人税と所得税（および地方税である住民税の一部）の概要を以下の構成で紹介することとしたい。これらを通して、上場株式[1)]の配当と譲渡にかかる課税の概要について理解を深めていただくために、関連する事項を順番に説明することが本章の目的である。紙面の関係上きわめて一部の事項の説明に留まるが、担当者の皆様の今後の実務の一助となれば幸いである。

Ⅱ 法人税と所得税

1 所得課税としての法人税と所得税

本編で対象とする国税は**所得課税**にあたる所得税および法人税である（地方税については、本書に関係する範囲で住民税を後記Ⅹにおいて取り上げる）。それでは、この所得課税とはどのような意味であろうか。

法人（株式会社を含む）と個人は、法令（および条例）に基づき様々な税金を納付する義務を負う。これらの税金は多様な視点から分類することができるが、1つの視点として課税ベース、つまり「何の大きさに応じて納付する税金の額が決まるか」によって分類することができる。

国民に一方的な義務を課すこととなる税金には、実質的な意味での公平性が強く求められる。公平性にも様々な捉え方があるが、税金を多く負担できる者が多く支払い、少ししか負担できない者は払う税金が少なくなるような仕組みは公平な課税といえるであろう。そうすると、次の問題は、税金をどの程度負担できる能力があるか―この能力を「**担税力**」というが―を何によって測るかである。できるだけ客観的かつ明確な基準によって担税力を測定できることが要求される。課税ベースとは、担税力を測る基準を意味すると同時に、経済活動のどの側面に着目した課税かという性質を示すものでもある。

1） 非上場会社の株式の配当と譲渡益に対する課税は上場株式の場合と多くの点で異なる。本書では上場会社の株式のみ検討する。

通常、課税ベースとして採用されているのは所得、消費および資産の3種類である（**図表1**参照）。このうち、課税ベースが所得である税を所得課税という。法人や個人が事業活動等を通して所得を得た場合、その所得の大きさに応じて納付すべき税金の額を決定するタイプの税が所得課税であり、所得課税のうち国税に属するものの代表例が法人税と所得税である[2)]。なお、ここで「所得」とは何かということ自体が難しい問題ではあるが、基本的には、事業活動等を通して得られた利益（収入－経費）に相当するものを考えておけばよい。

所得課税以外の課税についても一言触れておく。消費課税の代表例は消費税である。消費税は一定の物品やサービスの消費に着目した税であり、利益（所得）の金額とは必ずしも相関しない[3)]。また、相続税のように、対象となる資産（たとえば相続財産）の価値に着目した税が資産課税にあたる（利益が多いほど相続税を多く納付しなければならないわけではない。）。

2 法人税と所得税の納税義務者

(1) 法人税

法人税を納税する義務を負う者（納税義務者）は法人税法に定められている。会社法に基づき設立された株式会社は、法人税法上の**内国法人**（法人税法2条3号）に該当し、法人税の納税義務がある（同法4条1項）。そして、内国法人に対する法人税は、各事業年度の所得に課され（同法5条）、その**課税標準**（税額を決め

2） なお、同様の性格をもつ地方税には住民税および事業税がある。
3） たとえば個人や会社がどんなに利益をあげていても、100円のジュースを買ったときに支払う消費税の額は同じである（たとえば8円（税率8％のとき））。

図表1　国税・地方税の種類

課税ベースの種類	所得課税	消費課税	資産課税
国税	所得税 法人税　等	消費税 酒税　等	相続税・贈与税 登録免許税　等
地方税	住民税 事業税	地方消費税 ゴルフ場利用税　等	固定資産税 事業所税　等

るにあたって、税率を乗じる対象）は内国法人の各事業年度の所得の金額とされている（同法21条）。

法人税の納税は、納税義務者である法人自身が法人税法の規定に基づき納付すべき法人税の額を計算し、確定申告書の提出によってこれを申告し納付するという「**申告納税方式**」に基づいている（国税通則法16条2項1号、法人税法74条等）。これは、納税義務者本人の申告によって納税額（国に対して税金を支払うという法的な義務（納税義務）の具体的な金額）が確定するという方式である[4)]。

確定申告は原則として事業年度が終了した日の翌日から2か月以内に行い、納税する必要があるが（Ⅲ1(1)参照）、これに加え、多くの上場会社は、事業年度の期首から6か月を経過した日から2か月以内に**中間申告**[5)]による納付が義務づけられている

4）　もっとも、納税義務者が納税額を勝手自由に決められるというわけではなく、本人からの申告がない場合、または申告された内容が法令に合致していないと考えられる場合には、国は行政処分（更正または決定）を行うことによって税額を確定させることができる仕組みとなっている。

資本金1億円超の株式会社の場合、法人税率は一律23.2%の比例税率（固定税率）である[6]。

⑵ 所得税――個人に対する申告所得税

所得税の納税義務者は所得税法に定められている。国内に住所を有する個人は所得税法上の**居住者**（所得税法2条1項3号）に該当し、所得税の納税義務がある（同法5条1項）。居住者に対する所得税の課税対象は居住者のすべての所得であり（同法7条1項1号）、その課税標準は（同法によって計算される）総所得金額、退職所得金額および山林所得金額とされている[7]（同法22条1項）。

なお、法人税と同様、原則として個人に対する所得税にも申告納税方式が採用されている（国税通則法16条2項1号、所得税法120条等）。ただし、実際は後記Ⅳ2⑴（p.152）のように、給与所得者は**年末調整**によって納税が完了すること等の理由により確定申告書の提出を要しない個人が多い。

所得税は**超過累進税率**を採用している。つまり、課税所得金額

5） これは事業年度の法人税の上半期分を仮計算して前払いする手続である。

6） 事業年度末日時点の資本金が1億円未満の株式会社は中小法人に該当し、所得のうち年800万円までの部分には19%の税率、800万円を超える部分には23.2%の税率が適用される。ただし、一定の期間（令和3年度税制改正では、令和5年3月31日までに開始する事業年度まで）は年800万円までの所得には本則税率の19%に代えて15%の軽減税率が適用されるという特例がある。しかし、この中小法人からは大法人（資本金5億円以上の法人）の100%子会社が除かれる。さらに、中小法人であっても直近3事業年度の所得金額の平均が年15億円を超える法人には15%の軽減税率の適用はなく本則の19%の税率が適用される。

7） この文章は、後記Ⅳ2⑶（p.156）を読んでから再度読み直すと理解しやすいと思われる。

図表2　所得税の税率構造

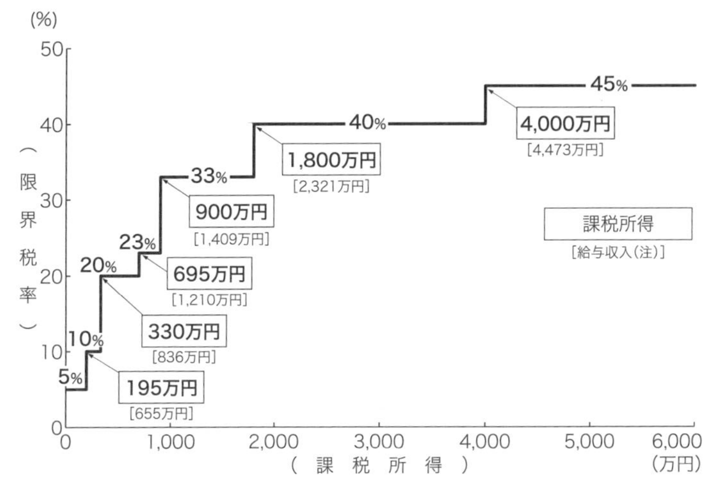

(注)夫婦子2人(片働き)の給与所得者で子のうち1人が特定扶養親族、1人が一般扶養親族に該当する場合の給与収入金額である。
(出典:財務省ウェブサイト)

が多くなるにつれて段階的に高い税率（現在は7段階）が適用となる仕組みとなっている（**図表2**参照）。これは課税所得金額が多いほど追加で最後に得た部分の所得の担税力が大きいという発想に基づいたものである[8]。

(3)　所得税――源泉所得税

上記(1)と(2)から分かるように、法人税は法人に課される税であり、所得税は個人に課される税であると整理することができそう

8）　たとえば課税所得300万円の個人の299万円から300万円の1万円よりも、課税所得1,000万円の個人の999万円から1,000万円の1万円の方が多くの税金を負担できるという発想である。

である。しかし、厳密には、所得税法にはもう１つのタイプの所得税がある。**源泉徴収**に係る所得税（**源泉所得税**）である。

後述するような給与および利子・配当等の支払いの際には、原則として源泉徴収がなされる（それぞれⅣ2(1)（p.152）およびⅤ2（p.163）参照）。源泉徴収は、給与および利子・配当等の受領者に税金が課されるのであるが、受領者に代わって給与および利子・配当等を支払う者が税金に相当する金額を給与および利子・配当等の金額から天引きして、これを税務署に納付することをいう（図表3参照）。現在の法令では、この源泉徴収される税金は、給与および利子・配当等を受領する者が個人であっても法人であっても共通して「所得税」として整理されている結果、源泉所得税という意味での所得税は、個人にも法人にも課されることとなる（図表4参照）。所得税法上、「内国法人は、国内において内国法人課税所得の支払を受けるとき……は、……所得税を納める義務がある。」と定められている（所得税法５条３項）のはこれに関連したものである。

源泉徴収は、国が税金を徴収する事務の負担を減らし手続を簡便化するという機能がある[9]。そして、源泉徴収税は、個人が自ら納付すべき所得税、法人が自ら納付すべき法人税の前払い（仮払い）の意味合いを有することが重要である[10]。

なお、源泉徴収すべき税額は、一律に、支払うものの性質（給料、利子、配当等）に応じて、その支払額に対して所定の税率を

9） 源泉徴収を行う者が国に代わって税金を取り立てていると考えると分かりやすい。

10） 特に、税金の名称が違うものの、法人にとって源泉徴収された所得税は法人税の一部が先に一方的に徴収されたものと捉えておくべきである。決して異なる税金が２回課税されるわけではない。

図表3　源泉徴収のイメージ

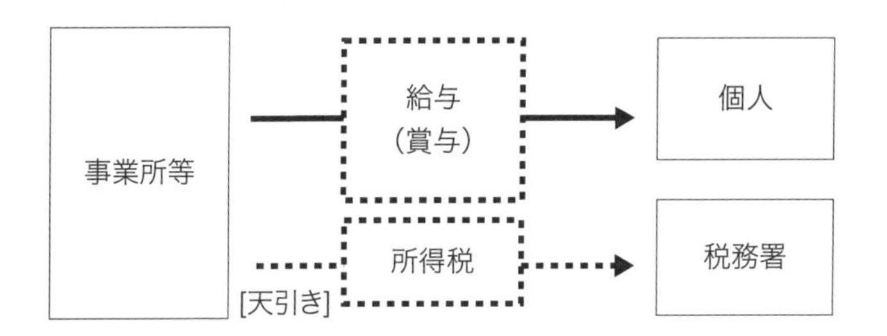

図表4　申告所得税と源泉所得税

納税者	申告による所得課税	源泉徴収に係る所得課税
個人	（申告）所得税（所得税法）	（源泉）所得税（所得税法）
法人	法人税（法人税法）	

乗じて決定されるため、(1)(2)で述べた法人税、所得税とは計算方法が異なる。前払い・仮払いとしての源泉徴収税は、画一的・簡便な取扱いを重視した結果計算方法が単純化されている（本書では配当についてのみとりあげる。後記Ⅴ2（p.163）参照）。

Column 3-1　ESGの一環としての納税

企業はあらゆる選択肢を駆使して節税の可能性を追求する。企業の成果つまり経営陣による経営の成果が税引後利益で評価され、株価の基礎となるのが税引後の将来キャッシュ・フローであることを踏まえると、株主価値を高めるために税負担を減らす努力を行うことは合理的である。
しかし、節税には限りがない。これが行き過ぎると租税回避となり、課税当局による処分を受け事後的に多額の追加納税を余儀なくされることがある。そのため、税務リスクに留意しつつ合理的な範囲で節税策を講じる必要がある。
最近ではこのような税務リスクに関連し投資家に対する情報開示（ディスクロージャー）の必要性が議論されている。これには次の２つの重要な要素があると思われる。
第１の要素は主として財務的（金額的）側面にかかわるものである。企業が採用した税務ポジション（課税上の取扱いに関する法令解釈・見解）が課税当局から否定される可能性に関する開示である。租税法規が明確でないことによるリスクもあれば企業が強気の税務ポジションを採用することにより生じるリスクもある。将来追加で多額の税負担を負う可能性は企業の将来の収益性に影響するため、投資判断上重要となる。こうした情報開示は、財務諸表等（財務情報）と事業等のリスク等の記述情報（非財務情報）の両方から検討する必要がある。
第２の要素は近年指摘されるようになったもので、税務ポジションの背後にある経営者の姿勢自体の開示を求めるものである。適切な納税がなされなければ企業が所在する地域の政府の財政に問題が生じ、適切な水準の公的サービスが実施されず、結果的に企業の将来の持続的成長に悪影響が生じる可能性がある。そのため、納税に対する経営者の考え方はESGの１つであるS（社会）に関わる要素であるとの見方が可能である。特に、税負担の軽減のみを目的として低課税国（タックス・ヘイブン）に利益を移転させるようなスキームが問題視されることが多い。
こうした投資家の視点は欧州の機関投資家によくみられていたが、日本にも浸透しつつあるようである（日本経済新聞2021年５月16日朝刊「投資家、適切な納税促す」参照）。日本企業の中にも、税務に関する行動指針を策定し、租税回避を主な目的とするタックス・ヘイブンを利用しないことや税務関連の開示の充実を宣言する例がみられるようになった。

ESGの取組みは社会全体の価値観の変容を通じて企業の経営理念に影響を及ぼし、企業行動を適正化させる機能があると考える。納税を例に挙げれば、（もちろん租税収入が社会のために適正に使用されることが前提であるが）企業の利益が納税を通して適切に政府に配分されることは行政サービスの質と量の向上に貢献するものであり、高く評価されるべきである。株主・投資家が自分に帰属する経済的利益のみに注目している間は企業も節税に駆られることとなる。短期的な投資成果だけにとらわれず、納税という社会的責任に対する企業の姿勢を重視する金融市場の風土が重要であると考える。

Ⅲ　法人税の計算方法の概要

1　課税標準である所得の計算方法

(1) 確定決算原則

株式会社の決算は、株主総会の承認（会社法437条および438条）または、一定の要件のもとに、取締役会の承認（同法439条）によって確定する。このような確定手続を経た決算を確定決算といい、株式会社などの法人は、原則として、事業年度が終了した日の翌日から2か月以内に、確定した決算に基づき法人税の確定申告書を所轄の税務署長に提出する義務を負う（法人税法74条1項)。これを**確定決算原則**という。

もっとも、事業年度の終了日の翌日から2か月以内に決算が確定しないことも考えられる（計算書類が定時株主総会で承認される場合等)。通常定時株主総会は事業年度の終了日の翌日から3か月以内に開催されるものであることを踏まえ、法人税の確定申告の期限も事業年度の終了日の翌日から3か月以内まで（つまり、原則の場合プラス1か月）延長させることができるという特例が設けられている（同法75条の2第1項)。ただし、延長した期間に対応する**利子税**[11]の納付が必要となる（同条8項の準用する同法75条7項等)。

(2) 所得の計算方法

法人税の課税標準である「各事業年度の所得の金額」は、その事業年度の「**益金**の額」から「**損金**の額」を控除することによって計算される（法人税法22条1項)。これは、企業会計における当期利益が、その事業年度の収益の額から原価・費用・損失の額を控除することによって計算されることと対応している。法人税法上の益金は企業会計上の収益に相当するものであり、法人税法上の損金とは、企業会計上の原価・費用・損失に相当するものである。計算式で示すと次のとおりである。

> 企業会計の利益：当期利益（損失）＝収益の額－原価・費用・損失の額
> 法人税の所得：所得（欠損）金額＝益金の額－損金の額

しかし、何が益金・損金に該当するかについて法人税法は網羅的な定義規定を設けてはいない。法人税法では次の2段階構造で益金・損金の概念を確定しようとしている。

第1に、企業会計における会計処理の方法が税法上も受け入れ

11) 税制改正により軽減され、令和3年時点では年1.0%である。

られると考えられる場合、あえて企業会計と同一内容の税法上の規定を設けず、代わりに「一般に公正妥当と認められる会計処理の基準」によっている場合は原則としてこれを認める旨の規定を設けている（法人税法22条4項）。

第2に、企業会計における会計処理の方法が法人税法の目的に照らして適切とは考えられない場合、法人税法では「別段の定め」を設け、税法独自の規定を置いている。

これを益金にあてはめると、益金は「別段の定めがあるものを除き、資産の販売、有償又は無償による資産の譲渡又は役務の提供、無償による資産の譲受けその他の取引で資本等取引以外のものに係る当該事業年度の収益の額」と定義されている（法人税法22条2項）。よって、「別段の定め」があれば、益金の額はその定めにしたがい、「別段の定め」がない場合には「一般に公正妥当と認められる会計処理の基準」（つまり企業会計上の処理）によって決定されることとなる。

次に、損金については、「別段の定めがあるものを除き」（売上原価等の）原価の額、（販売費・一般管理費その他の）費用の額および損失の額（資本等取引以外のもの）とされている（同条3項）（資本等取引の意味については後記⑶①参照）。そのため、益金の場合と同様、損金についても「別段の定め」があればそれに従い、それがない場合には「一般に公正妥当と認められる会計処理の基準」（つまり企業会計上の処理）によって決定されることとなる。

こうした規定を踏まえ、法人税法上の所得の金額は、企業会計における「当期利益」を出発点として、これに法人税法上の「別段の定め」を「加算」または「減算」することを通じて計算することとされている。この、企業会計上の「当期利益」から「所得金額」を計算する作業を税務調整（**申告調整**）という。

この、加算・減算は、企業会計上の収益と法人税法上の益金の不一致、企業会計上の原価・費用・損失と法人税法上の損金の不一致の中身に応じて、下記の4通りに分かれる。

[1]	益金算入	企業会計上収益でないが、法人税法上益金となるもの
[2]	益金不算入	企業会計上の収益であるが、法人税法上の益金でないもの
[3]	損金算入	企業会計上費用等ではないが、法人税法上損金となるもの
[4]	損金不算入	企業会計上の費用等であるが、法人税法上損金とならないもの

所得金額＝企業会計上の当期利益＋（[1]＋[4]）－（[2]＋[3]）

[1]と[4]に該当するものが「加算」項目であり、[2]と[3]に該当するものが「減算」項目となる。

この企業会計上の当期利益から出発して所得金額を計算するまでの調整（申告調整）の過程は、法人税の申告書の別表4「所得の金額の計算に関する明細書」に記載される。別表4の簡単なイメージは**図表5**のとおりである。

この図表の例において上記の[1]から[4]に相当する金額は次のとおりである。

[1]	益金算入	該当なし	0
[2]	益金不算入	受取配当等の益金不算入額　50	50
[3]	損金算入	減価償却超過額の当期認容額　150	150
[4]	損金不算入	減価償却の償却超過額　200 役員給与の損金不算入額　300	500

図表5　別表4（所得の金額の計算に関する明細書）の簡単なイメージ

区分		総額	処分	
			留保	社外流出
当期利益の額		11, 800	11, 300	配当 500
加算	減価償却の償却超過額	200	200	
	役員給与の損金不算入額	300		その他 300
	小　計	500	200	300
減算	減価償却超過額の当期認容額	150	150	
	受取配当等の益金不算入額	50		※ 50
	小　計	200	150	50
仮　計		12, 100	11, 350	△ 50 800
法人税額から控除される所得税額		400		400
合　計		12, 500	11, 350	△ 50 1, 200
欠損金の当期控除額		△ 0		△ 0
所得金額		12, 500	11, 350	△ 50 1, 200

これを踏まえて、

所得金額 ＝ 企業会計上の当期利益
＋（[1]＋[4]）－（[2]＋[3]）
＝11,800＋(0＋500)－（50＋150）＝12,100
（仮計の部分）

と計算される。

⑶ 税効果会計との関連性――「留保」と「社外流出」

第1章Ⅲ②⑹（p.23）に述べた税効果会計の理解にも役立つことから、**図表5**の「**留保**」および「**社外流出**」欄の意味を補足しておく。

⑵に述べたように、別表4に集約される企業会計上の利益から所得金額を計算するための申告調整が必要となる理由は企業会計上の収益と法人税法上の益金の不一致、企業会計上の原価・費用・損失と法人税法上の損金の不一致にあるが、この不一致が生じる理由は大きく次の2つに分けて考えることができる。

第1は時期のずれである。つまり企業会計上当事業年度の収益または原価・費用・損失として計上されたが税務上は当事業年度の益金・損金にはならず、将来の事業年度のどこかで益金・損金になる（または過去の事業年度にすでに益金・損金として取り扱われていた）という場合である。この場合は、会計上と税務上の差異を記録しておき、過去に会計上の収益・費用であったものをその後税務上益金・損金とすることができるようになった事業年度（または、過去に税務上益金・損金であったものがその後会計上の収益・費用となった事業年度）になってその差異を解消することとなる。このような項目が別表4において留保項目に分類される。この項目は**第1章Ⅲ②⑹**（p.23）に述べた税効果会計の対象となる。

つまり、時期のずれにすぎないのであれば、当期の企業会計上の利益に対して（いずれかの時点で）税金が課されることは確定しているのであるから、それを税金費用として認識しようとするのが税効果会計であった。

図表5にあてはめると、この項目に該当するものは減価償却費である。税法上固定資産の減価償却費は、企業の恣意性の介入を防ぐために計算方法が法令によって具体的に定められている。企業会計上の減価償却費の計算方法については税法ほどに細かい定めがなく、もう少し広い裁量が企業に認められている。そのため、企業会計上の減価償却費の計上額が税法上損金として計上できる額を超える場合に、「減価償却の償却超過額」が生じる。図表5では、企業会計上の減価償却費が税法上損金算入可能な金額を200超過していたため、税務上の所得金額の計算過程ではこれを足し戻す計算をしている[12)]また、逆に別の資産について「減価償却超過額の当期認容額」が150発生している。これは、前事業年度までの企業会計上の減価償却費の合計が税法上損金算入可能な金額の合計を超えていたために減価償却超過額が発生していたが、当事業年度は企業会計上の減価償却費よりも税法上損金算入可能な金額の方が大きかったために税務上余裕が生じ、過去に税務上許容されなかった企業会計上の減価償却費のうち150を当事業年度の損金として認める（認容する）ことを表している。

不一致の第2の理由は、そもそも性質上益金・損金にしないというものである。図表5では「役員給与の損金不算入額」と

---

12) マイナス項目である費用の一部を取り消すので、計算上の調整は足し戻しとなる。

「受取配当等の益金不算入額」が挙げられる。「役員給与の損金不算入額」は後記⑷②に示した役員給与の定めによって損金に算入されないこととなった金額であるが、これは当事業年度の損金に算入されないだけでなく、将来永久的に損金に算入されないものである。つまり、将来の事業年度に損金とすべきであるから当事業年度の損金に算入しないという第1のパターンとは異なり、その費用の性質に照らし、いかなる時点でも損金としないという意味である。別表4では、それが「社外流出」欄への記入によって明らかにされる。「受取配当等の益金不算入額」も同様で、受領した配当金にかかる収益を、税務上はその性質に照らして（後記Ⅴ1⑵①（p.160）参照）永久に益金とは取り扱わないこととされている。その結果、これらの項目に関して企業会計と税務上の不一致は永久に解消されないため、税効果会計ではこれらの項目に係る税金の調整は行わない。

⑷　「別段の定め」の具体例

⑵に述べた（p.137）「別段の定め」は極めて多岐にわたるが、株主総会の議題にかかわるものをいくつか紹介すると、剰余金の配当、自己株式の取得、役員報酬および組織再編が挙げられる。自己株式の取得については後記Ⅸ2⑵（p.185）において若干言及することとし、組織再編は後記Ⅷにて概要を説明する。

①　剰余金の配当

まず、剰余金の配当を行う株式会社にとって配当は会社財産の流出を伴う行為であるが、税務上は損金とはならないことを理解しておく必要がある。これは、剰余金の配当が法人税法上の「資本等取引」に定義され、上記⑵（p.136）の損金の定義規定において「資本等取引」に該当するものが除かれていることが根拠となる。「**資本等取引**」とは、資本の増加・減少に係るもの、剰余金の配当に係るもの、および残余財産の分配に係るものであり、いわゆる（出資者としての）株主との間の取引である（法人税法22条5項）。これは、株主に対する配当は、株式会社の（最終）利益のうち税金を納付した後のもの（税引後利益）から行われることを条文上明らかにしたものである。

次に、配当を受領する株主に対する課税については、後記Vで検討する。

② 役員報酬

役員に対する報酬の支給は定款に定める場合のほか株主総会の決議事項であるが（会社法361条1項参照）、それが法人税法上損金になるか否かが問題となる[13]。企業会計上は、従業員に対する給与と役員に対する報酬はすべて費用計上される。しかし、役員に対する報酬は金額および時期の設定について経営者自身の恣意性が介入しやすく、租税回避に利用される危険性をはらんでいる。そのため、法人税法上は、原則として役員に対する給与は損金不算入とし（法人税法34条1項）、例外として定められた厳格な要件を満たす場合に限り損金算入が認められることとなっている。

法人税法34条による損金不算入とならない3つの類型が**図表6**に挙げられている。

それぞれの類型の役員給与となるための要件は法令で厳格に定められている。詳細は割愛するが、実務上重要なのは、可能な限り損金算入の要件を満たすように役員報酬の中身を設計することである。つまり、役員報酬の設計にあたり、税制上の制約を無視

13) 税務の観点からは、役員報酬として支払った分だけ課税所得を減少させ、税負担を軽減させることが妥当かという問題である。

図表6　損金算入できる役員給与の種類

損金算入できる役員給与	概　　要
定期同額給与（1号）	1か月以下の一定期間ごとに毎回同じ金額が支給される給与
事前確定届出給与（2号）	・税務署に事前に届出をし、所定の時期に、あらかじめ決められた金額、確定した数の株式または新株予約権を支給する給与 ・特定譲渡制限付株式または特定新株予約権による給与
業績連動給与（3号）	・利益指標、株価指標その他の一定の指標を基礎として算定される額または数の金銭または株式もしくは新株予約権による給与 ・特定譲渡制限付株式または特定新株予約権による給与で無償で取得され、または消滅する株式または新株予約権の数が役務の提供期間以外の事由により変動するもの

（注）号数は法人税法３４条１項各号を示している。

することはできない。

役員に対する固定の金銭報酬（定額を毎月支給するもの等）は同項1号の**定期同額給与**により損金算入することが可能であろう。実務上問題となるのは、固定報酬以外の役員報酬である。たとえば、臨時的な賞与を金銭で役員に支給したいと考える場合[14]、あらかじめ金額を確定させておくことができるのであれば同項2

14）　たとえば従業員に対する夏季・冬季賞与と同時期に役員賞与を支給する場合が考えられる。

号の**事前確定届出給与**の要件を満たすことによって損金算入が可能となることが多い。しかし、事業年度の業績を踏まえて報酬金額を決定したいという場合で、事前に金額を確定することができないときは、同項3号の**業績連動給与**の要件を満たさなければならない。

その他、インセンティブ報酬ともいわれる株式報酬の場合も、損金算入要件を満たすように設計することが望ましい（**図表7**参照）。

以下では、典型的な事前交付型のリストリクテッド・ストック（**特定譲渡制限付株式**）を例にとって説明する。なお、業績には連動しないシンプルなものを考える。

まず税法上譲渡制限付株式として取り扱われるためには、次の2つの要件を満たす必要がある（法人税法54条1項、法人税法施行令111条の2第1項）。

- 株式の譲渡[15]が制限されており、かつ譲渡が制限されている期間（譲渡制限期間）が設けられていること
- 株式の発行会社がその株式を無償で取得することとなる事由[16]が定められていること

この条件を満たした譲渡制限付株式を現物出資型構成[17]また

15）担保権の設定その他の処分を含む。

16）ただし、この事由は、(i) 本人が所定の期間勤務を継続しないこと、(ii) 勤務成績の不良その他の本人の勤務状況に基づく事由または (iii) 会社の業績があらかじめ定めた基準に達していないことその他会社の業績・指標の状況に基づく事由に限られる。

17）本書において現物出資型構成とは、金銭を役員の報酬としたうえで、役員に会社に対する報酬支払請求権を現物出資財産として給付させ、その対価として株式を交付することをいう。

図表7　損金算入できる役員向け株式報酬の種類

報酬の種類	報酬の内容	交付資産	損金算入の可能性	
			2号	3号
リストリクテッド・ストック	一定期間の譲渡制限が付された株式を役員に交付する（税法上の「特定譲渡制限付株式」）従来の現物出資型構成に加え、会社法改正で認められた株式の無償交付による方法も含む。	株式	○	－
ストック・オプション	自社の株式をあらかじめ定められた権利行使価格で購入する権利（税法上の特定新株予約権）の付与	新株予約権	○ （注）税制非適格の場合を想定	○
パフォーマンス・シェア	中長期の業績目標の達成度合いに応じて株式を役員に交付	株式	－	○
ストック・アプリシエーション・ライト	対象株式の株価があらかじめ定められた価格を上回っている場合に、その超過部分を現金で役員に交付	金銭	－	○

（注）「損金算入の可能性」の2号・3号は法人税法34条1項2号・3号を意味する。

は改正会社法に基づく株式の無償交付（取締役・執行役に対するものに限る。会社法202条の2参照）によって交付するものが税法上特定譲渡制限付株式となる。

次に、役員に対する特定譲渡制限付株式の付与が損金として算入できるためには、法人税法34条1項2号の要件も満たす必要がある。

具体的には、役員の職務につき、株主総会等の決議[18)]により所定の時期に確定した数の特定譲渡制限付株式を交付する[19)]旨の定めをした場合で、その定めに基づいて交付するものであることを要する（法人税法34条1項2号イ、法人税法施行令69条3項）。

なお、このような要件をすべて満たして役員に対する特定譲渡制限付株式の支給が損金算入できることとなったとしても、損金算入時期に注意が必要である。役員が役務を提供した事業年度ではなく、その役務の提供につき当該役員自身に対して給与等として所得税が課税されることが確定した日[20)]の属する事業年度の損金となる（法人税法54条1項）。

正常な取引条件である限り、確定した数の株式を付与する定めに基づく支給の場合は、その定めをした日の株式の時価に相当する金額を損金とすることが認められている（法人税法施行令111条の2第4項）。

⑸ 欠損金

⑵で説明した（p.136）計算の結果法人の所得の金額がマイナスとなる場合、このマイナス額（法人税上の赤字の額）のことを**欠損金額**という[21)]。

18） 当該役員の職務の執行の開始の日から1か月以内の決議に限る。

19） 株主総会等の決議の日から1か月以内に特定譲渡制限付株式を交付する旨の定めに限る。

20） 通常は、株式の発行会社が無償で株式を取得する可能性がなくなり、譲渡制限の解除された株式が役員に交付されることが確定した日。この日は実際に譲渡制限が解除される日よりも早い可能性がある。

企業会計と同様、法人の活動を事業年度単位で人為的に区切った場合、所得が発生する事業年度と欠損金が発生する事業年度が存在することは珍しくない。しかし、所得が発生する事業年度の所得に基づく法人税のみ納付させ、欠損金が発生した事業年度が無視されることとなると、複数の事業年度を通した全期間において発生した所得に対する課税よりも重い課税を強いることとなり適当ではないといえる。そのため、欠損金が発生した場合、それを将来の所得から控除できるようにする制度が設けられている。

具体的には、欠損金額を適切に計算していることを確保するため、適切な会計帳簿等を備えた一定要件を満たす申告（青色申告）を行っていること等を条件に、欠損金を繰り越して将来の事業年度の所得の金額から控除するという繰越控除が認められている（法人税法57条等）。繰越可能期間は現在10年とされている。

このように、繰越欠損金は、将来の所得を減少させ税負担を軽減する重要な資源であり、節税のためにこの繰越欠損金をいかに活用するかが企業活動における鍵となる（いわゆるタックス・プランニング）。特に、グループ再編やM＆Aにおいては、繰越欠損金の利用による税負担の軽減を主たる動機とするものがあることから、濫用的と考えられる一定の事由が認められるパターンの取引については繰越欠損金の利用が制限されることがあるため、十分に留意が必要となる（後記Ⅷ④（p.180）参照）。

Column 3-2　法人税法からみた業績連動報酬

コーポレートガバナンス・コードの施行とともに、固定報酬よ

21）厳密には、事業年度の損金の額が益金の額を超える場合におけるその超える部分の金額と定義される（法人税法2条19号）。

りも業績連動報酬の支給が推奨されるようになり多くの企業が導入している。業績連動報酬の設計上留意すべき点は報酬額を連動させる業績指標の設定や業績連動報酬と他の報酬との割合（報酬ミックス）など多岐にわたるが、業務執行役員に対する業績連動報酬が税務上損金計上できる「業績連動給与」の要件を満たすか否かを確認することもまた重要であると思われる。

業績連動給与の損金算入の要件は複雑であるが、ガバナンスや開示上の論点とも共通するものとして次の２点を指摘したい。

第１は業績連動給与額の算定方法の基礎とすることができる指標の問題である。これはいわゆるKPIとの関連性が高い。

法人税法上は（i）利益に関する指標（個社ベースに限らず連結ベースの利益でも可能）（ii）株価に関する指標または（これらの指標と同時に用いる場合に限り）（iii）「売上高に関する指標」のいずれかであることを要する。利益に関する指標は利益そのものではなく、利益に対して損益計算上の収益・費用の項目を加減算したものも含まれる。そのため、EBITDA（税引前当期純利益の額＋支払利息の額＋減価償却費の額）といったものも指標として用いることができる。しかし、キャッシュ・フロー（キャッシュ・フロー計算書上のものやその他の方法で計算したもの）は利益ベースの指標とは取り扱われないため、キャッシュ・フローに連動させた報酬では法人税法上損金算入が認められない可能性が高い。

このような場合、法人税法上認められた指標に基づいて計算した給与とそれ以外の部分の給与とに区分可能であれば、前者の部分だけでも損金算入が認められる余地があるため、法人税法上認められない指標を組み合わせる場合には損金算入が可能な部分の給与を確保できるような設計を試みる価値がある。

第２は算定方法についての一定の手続要件に関するものである。指名委員会等設置会社であれば、一定の要件を満たす報酬委員会による決定を要する。指名委員会等設置会社以外であれば、株主総会の決議によるか、それ以外の場合には一定の要件を満たす報酬諮問委員会（任意の委員会）の決定を要する。報酬委員会や報酬諮問委員会に求められる「一定の要件」として、たとえば、証券取引所の規則の「独立役員」に相当する独立性の要件を備えた「独立職務執行者」である取締役・監査役が委員会の過半数を占めること等が含まれている。

もとより、コーポレートガバナンス・コードにおいて、独立社外取締役が取締役会の過半数に達していない上場会社（指名委員会等設置会社以外）は、指名・報酬に関する任意の諮問委員会（独立社外取締役を主要な構成員とするもの）の設置が要請されている（補充原則４－10①参照）ところ、こうした任意の報酬諮問委員会を業績連動給与の損金算入のための法人税法上の要件と関連づけて設計することも検討する意義があると思われる。

Ⅳ　所得税の計算方法の概要

1　個人の所得の種類

上記Ⅱ2(2)において述べたとおり（p.130）、居住者に対する所得税は居住者のすべての所得に対して課される（所得税法７条１項１号）。何が所得となるのかは所得税法に規定されているが、基本的には、個人の純資産（資産から負債を控除したもの）の増加につながるものは広く所得に該当すると考えたうえで、政策的な理由により課税しないこととされたものが例外的に非課税所得として定められている（所得税法９条１項等）。

しかし、同じ所得であっても、その性質や発生原因に違いがあることから、所得の大きさ（金額）が同じであっても、税金を

図表8 所得の種類（条項の番号は所得税法）

所得の種類	概要
利子所得（23条）	公社債、預貯金の利子にかかる所得
配当所得（24条）	一定の法人から受ける剰余金の配当にかかる所得
不動産所得（26条）	不動産の貸付による所得
事業所得（27条）	農業、漁業、製造業、小売業、サービス業その他の事業から生じる所得
給与所得（28条）	給与、賃金等にかかる所得
退職所得（30条）	退職手当等にかかる所得
山林所得（32条）	山林の伐採または譲渡による所得
譲渡所得（33条）	一定の資産（たな卸資産は含まない）の譲渡による所得
一時所得（34条）	上記8種類の所得以外で、営利を目的とする継続的行為から生じた所得以外の一時の所得で、労務・役務の提供または資産の譲渡の対価としての性質を有しないもの
雑所得（35条）	上記9種類以外の所得

負担する能力（担税力）が大きく異なると考えられる。そのため、所得税法では、一定の考え方に沿って、所得をその性質や発生原因に応じて10種類に区分し、それぞれの種類に応じて所得の金額の算定方法を定めることとしている（図表8参照）。

各種の所得の金額の算定方法は、さまざまな配慮のもとに設定されているが、その背景には次のような考え方があるといわれている。

・労働から得られる給与所得よりも金融資産の運用から得られる利子所得・配当所得の方が担税力が大きいと考えられている。病気等で働けなくなったために給与所得が得られなくなったとしても金融資産を保有していれば利子・配当等による所得を確保することができるためである。
・一時性、臨時性の高い退職所得や一時所得は定期的に得られる給与所得よりも担税力が小さいと考えられている。

2 個人の所得の計算方法および申告方法

本書では、給与所得、事業所得、上場株式にかかる配当所得および上場株式にかかる譲渡所得について検討したい。

(1) 給与所得の所得金額の計算

給与所得に係る所得金額は、原則として、収入金額から給与所得控除額を控除した額として計算される。収入金額とは給与、賞与その他の給付をすべて含むが、一定の上限までの通勤手当等、法令上非課税とされているものは除かれる。また、後記(2)の事業所得とは異なり、給与所得者は、原則として、個別に労働のために支出した経費を控除することができず、法令で定められた**給与所得控除額**（定額控除）を控除して所得金額を計算することとされている（図表9参照）。

毎月の給与・賞与が支払われる際、所得税が源泉徴収される。しかしながら、毎月源泉徴収された所得税の1年間の合計額と、その1年について当該給与所得者が実際に納付すべき所得税の額とは一致しないことが通常である[22]。そのため、年末に納税額の調整のための手続として年末調整（所得税法190条）が行われ

図表9　給与所得者の所得税計算のフローチャート

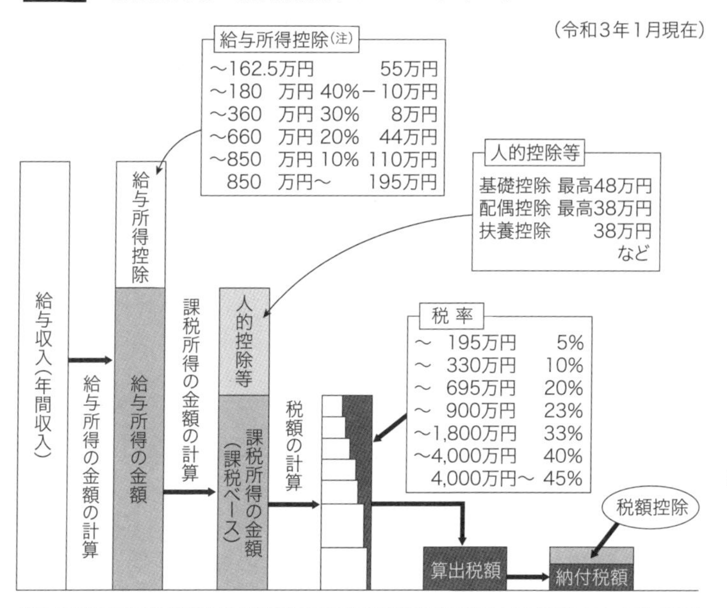

（注）23歳未満の扶養親族や特別障害者である扶養親族等を有する者等については、平成30年度改正において行われた給与所得控除額が頭打ちとなる給与収入の850万円超への引き下げによる負担増が生じないよう、所得金額調整控除により調整。
給与・年金の両方を有する者については、平成30年度改正において行われた給与所得控除・公的年金等控除から基礎控除への振替による負担増が生じないよう所得金額調整控除により調整。
（出典：財務省ウェブサイト）

る。年末調整は勤務先（雇用者）が行うことになっている（図表10参照）。これにより、多くの給与所得者は、他に申告すべき所得がなければ、年末調整により納税の手続が完了し、自ら確定申

22）　こうした不一致の原因として、源泉徴収額が平均値に基づく概算であること、納税額に影響を及ぼす扶養親族の異動が年の途中に生じた場合、異動前までの源泉徴収は異動前の扶養親族の状況に基づくこと等が考えられる。

図表10　年末調整のイメージ

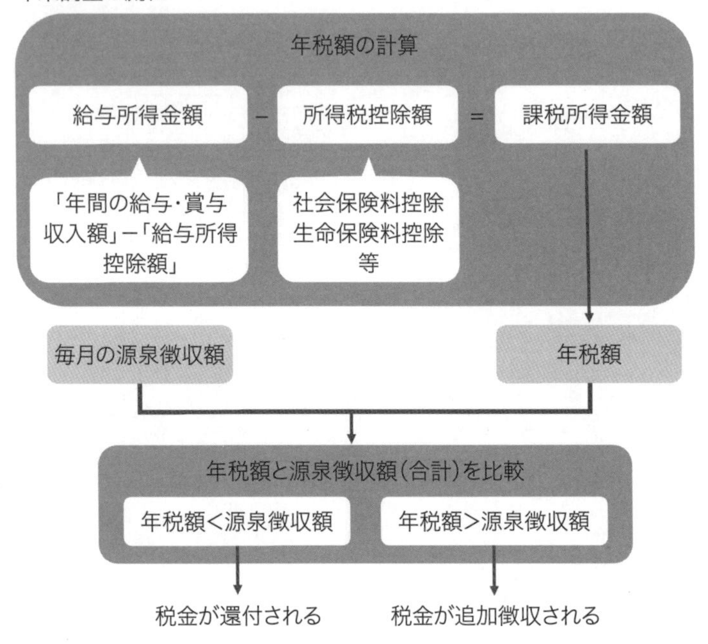

告を行うことを要しない。

ただし、例外的に確定申告を行うことが必要となる場合がある。第1に、そもそも一定の事由により年末調整の対象とならないこととなっている者（たとえば、年間の給与収入の額が2,000万円を超えている者）は、自ら確定申告を行わなければならない（義務としての確定申告）。第2に、医療費控除等、年末調整において考慮されていない控除項目の適用を受けるために自らの判断により確定申告を行う場合である（権利としての確定申告）。この場合、源泉徴収によって税金を納めすぎていることとなり、納めすぎて

図表11　所得税計算の仕組み（主に事業所得者）

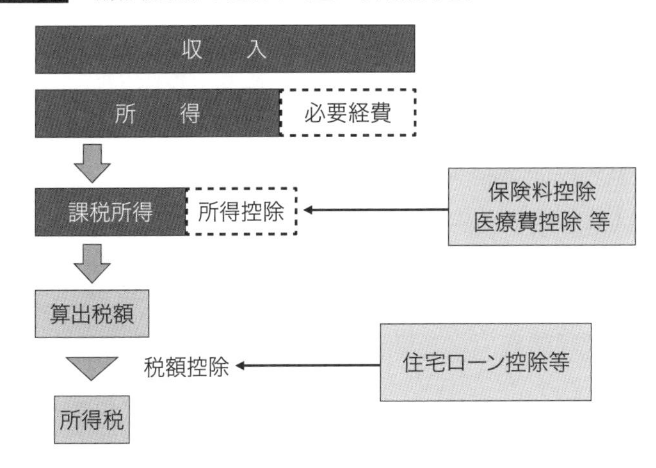

いる税金の額を計算し、返還してもらう（還付）ための申告（還付申告）となる。

(2)　事業所得の所得金額の計算

事業所得の所得金額は、総収入金額から必要経費を控除した額として計算される。事業活動という点では株式会社等の法人が行う事業活動に類似するため（細かい点において多くの相違点があるものの）、所得金額の計算方法の発想は法人税法における法人の所得の計算方法に類似している。

事業所得者は、自らの責任において所得金額を計算し、確定申告を行う必要がある。

確定申告による所得税の計算の仕組みの概要は、**図表11**のとおりである。

図表 12　総合課税と分離課税

所得に対する課税には総合課税と分離課税の２種類がある

総合課税

計8種類(注)。それぞれの所得金額を合算し、その合計額に(累進)税率を乗じて税額を算出する。

他の所得と合算しないで単独で税率(所得の種類に応じてそれぞれ定められている)を乗じて税額を計算する。

分離課税

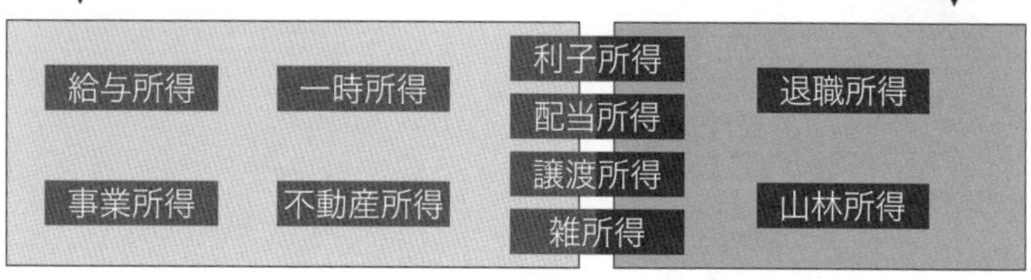

(注)利子所得・配当所得・譲渡所得・雑所得は、内容に応じて、総合課税となるものと分離課税となるものの両方がある。

(3)　総合課税の原則

上記のように、所得税法では、個人の所得を担税力の違いに応じて10種類に区分したうえで、それぞれの区分に応じて所得金額を計算する。次のステップとしては、原則として各種所得にかかる所得金額を合算し、それに対して累進税率を乗じて税額を計算する（これを**総合課税**方式という）。

これに対して、合算されず、他の所得と分離して課税する方式を「**分離課税**」とよぶ。分離課税は、特定の種類の所得に対して、政策的な観点から、税の負担を緩和すること、あるいは効率的な課税を行うことを目的として導入されている。

そのため、税法では、個々の所得に対して、総合課税になるのか分離課税になるのかが法令によって定められている（図表 12参照）。

さらに、この分離課税にも大きく分けて２つのタイプがある。第１が「**申告分離課税**」とよばれるもので、確定申告の対象とするが、他の所得から分離して税率を適用し、所得税額を計算して納税する。退職所得や山林所得がこの方式による。簡単にいえば、退職所得に対していくらの税金が課されるかは、退職所得の金額のみによって定まり、他の所得の影響（累進課税税率の適用）を受けないこととなる[23]。

第2が「**源泉徴収課税**」とよばれるもので、支払の際に、法令で定められた一定の所得税額が源泉徴収される（一種の天引き）。源泉徴収課税はさらに2つのタイプに分かれる。まず「一律源泉分離課税」は、納税者の選択の余地なく、一律に比例税率で源泉徴収され、これによって納税が完了するものである。その結果、納税者は申告を選択することができない。利子所得はこの類型に属する。これに対して「源泉分離選択課税」では、納税者の選択により、比例税率による源泉徴収によって納税を完了させることも、自ら申告を行うことも可能である。後記**V 3**のとおり(p.164)、配当所得にはこの方式が採用されている。

(4) 所得税額の計算のステップ

(3)で述べた総合課税と分離課税の違いを踏まえた所得金額の計算手順が採用されている。その概要は**図表13**のとおりである。

まず、(3)で述べた総合課税の対象となるグループの所得を合算する。損失となっている（マイナスとなっている）種類の所得は、

23) ここまで読むと前記II 2(2)（p.130）の所得税法22条1項の規定の意味が理解できると思われる。所得税の課税標準が（所得税法によって計算される）総所得金額、退職所得金額および山林所得金額という定め方であるのは、退職所得と山林所得が分離課税の対象であるため合算（通算）されないのに対し、他の所得は（一部の例外はあるが）通算され、1つの金額（総所得金額）に集約されるためである（(4)参照）。

図表13　所得税の税額計算のプロセス

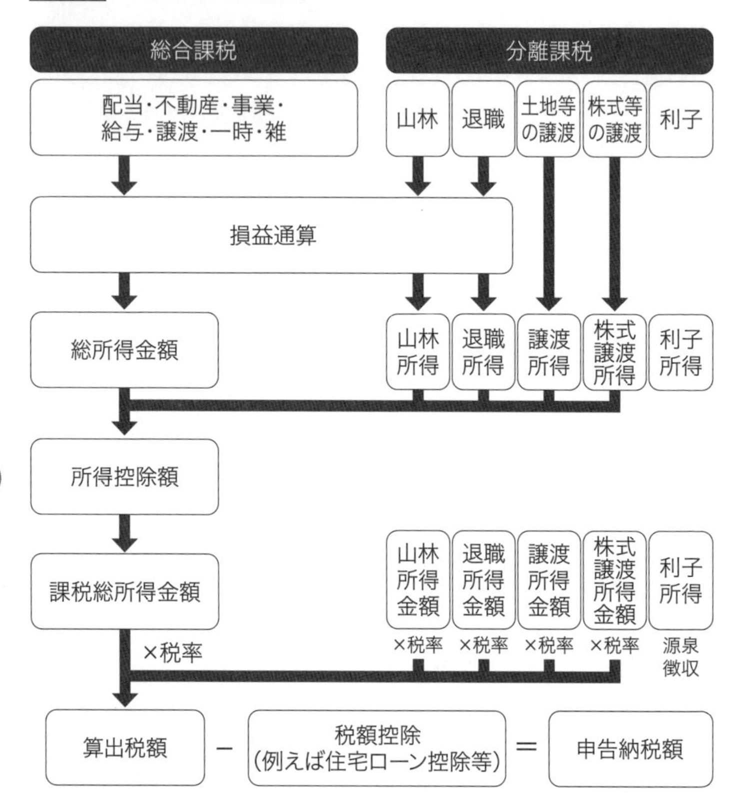

(出所)東京税理士会ウェブサイトより引用(ただし脚注部分は省略している。)
(https://www.tokyozeirishikai.or.jp/general/zei/shotoku/)

一定の例外を除き、グループ内の他の種類の（プラスとなっている）所得から控除することができる（これを**損益通算**という）。総合課税の対象となるグループの所得は、損益通算の結果１つの所得金額にまとめられる（これを**総所得金額**という。）。たとえば後記Ⅴ③（p.164）のように総合課税を選択した上場株式の配当にかかる配当所得は総所得金額に含まれることとなる。そして一定の所得控除をした後の課税総所得金額に対して税率を乗じて税額を計算することになる。

これに対して、申告分離課税を選択した上場株式の配当に係る配当所得や上場株式の譲渡所得は上記の総所得金額には含まれない。これらは配当所得の金額および譲渡所得の金額が（一定の調整の後）税率を乗じるベースとなる。

V　上場会社の配当をめぐる課税

1　配当課税に関する考え方

(1)　法人税の性格――法人擬制説

法人（株式会社等）が行う配当について、その受領者がどのように課税されるのが望ましいかを考えるにあたっては、配当という視点で法人税の性格を改めて考えてみることが有用である。

法人の最終利益を誰のものと考えるかによって法人税の意味合いが少し変わってくる。法人を株主の集合体と捉えると、法人の最終利益は株主に帰属するものであると考えることになる（**法人擬制説**）。この考え方によると、法人税を課税されることにより、実質的に株主に帰属する利益に対して１回課税があったと考えることになる。そのため、法人税が課税された後の利益が株主に配当され、配当を受領した株主に対して（その受領した配当という所得に対して）課税すると、実質的に同じ者（株主）に対して、同じ対象（法人が得た利益）に対して（同一趣旨の）課税を行っていることとなり、二重課税の問題が生じると考えられる。

これに対して、法人が個人と独立した別の取引主体であり、法人の最終利益は法人自身のものである（**法人実在説**）と考えると、二重課税の問題は生じないこととなる。

現在の法人税が完全にどちらかの説であると整理することは難しいと考えられているが、株主が受領する配当に対する課税についてこれから説明するような一定の二重課税の調整規定が設けられていることから、株主への配当との関係では、法人擬制説により整合的な仕組みになっているといわれている。

⑵ 二重課税の調整方法（図表14 参照）

① 法人株主の法人税の調整——受取配当金の益金不算入

株主が法人である場合、企業会計上、受取配当金は営業外収益として利益の一部分となる。しかし、株主が法人である場合、法人株主が当該株式の発行法人から受領した配当金は法人税の課税がなされた後の利益から支払われており、その配当金が法人株主の法人課税にかかる所得の計算上、所得に加えられると（つまり益金と取扱われると）その配当金に再度法人税が課されることとなる（二重課税）。

この法人株主も法人である以上、さらに株主が存在し、その株主に対して配当金が支払われる。法人の最終的な株主が個人であると想定した場合、法人株主が当該株式の発行法人から受領した配当をすべて普通に法人税の対象として課税したとすると、個人株主がいくつもの法人を経由して他の法人に出資している場合、最終的な個人株主に配当される前に法人段階で繰り返し法人税が課されてしまい（多重課税）、最終的な個人株主に対する実質的な税負担が著しく重くなる可能性がある。また、支店を通した事業経営と子会社を通した事業経営との間での税の中立性を保とうとすると、支店で得られた利益を本店に送金することが非課税で

図表 14　二重課税排除

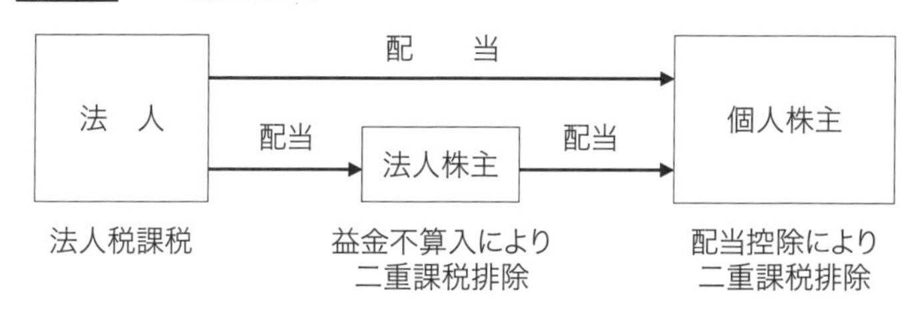

あるのに対し、子会社で得られた利益を配当として親会社に送金することが課税されるとすると、両者の事業形態において税の中立性が保てないという不都合が生じる。

そのため、一定要件のもと、法人株主が他の法人から受領した配当金は益金に算入しないことによって、法人課税の対象となる所得の計算から除外することとされている。これを**受取配当金の益金不算入**という（法人税法 23 条）。これも法人税法における「別段の定め」の１つである（Ⅲ[1](3)（p.141）参照）。

なお、厳密には、法人株主が他の法人から受領した配当金の全額が常に益金不算入となるとは限らない。上記のとおり、法人株主が支配株主であり、株式の発行法人の経営に対して一定の支配を及ぼしている場合は、法人株主自ら事業を経営して利益を得ている場合との公平性を重視すると、配当金はできるだけ益金不算入とすべきである。これに対して、持株割合が小さい場合は、事業のための投資というよりも金融投資（運用目的の投資）の性格が強くなるため、むしろ他の方法による投資（たとえば貸付金・社債による利子等）との公平性を重視すべきという別の要請が働く。これら他の投資商品には、運用収益としての利子等に対する益金不算入の特例は存在しないため、同様に株式からの配当金にも益金不算入を認めるべきではない[24]。こうした諸々の要請を踏まえ、法人税法では、持株割合に応じて益金不算入額（割合）を定めている。持株割合が高い場合には受取配当金の全額を益金不算入とすることができるが、持株割合が低下すると益金不算入の割合が50%または20%と低下するように設計されている（図表15参照）。なお、ここで持株割合とは、図表15の完全子法人株式等か否かの判定においては自社の保有分だけでなく自社の100%グループ内の保有をすべて合算するが、これ以外については自社の保有分のみで判定する[25)]

② 法人株主の法人税と源泉所得税の調整——所得税額控除

後記2に説明する通り、配当は原則として源泉徴収の対象となる。前記Ⅱ2(3)（p.131）のとおり、源泉徴収として課される所得税は法人税の一部（前払い）であり、支払った所得税の分だけ納付すべき法人税の額を減少させることができる（**所得税額控除、**法人税法68条1項）。

なお、技術的な理由ではあるが、最終的な法人税申告書の別表4は企業会計上の「当期純利益」つまり税引後の最終利益から出発して調整するため、税金を一度足し戻して所得金額を計算し、これに対して税率を乗じて法人税の額を計算し、そこから所得税額控除を行う。その関係で、別表4上では源泉徴収された所得税の金額は法人税法上の所得金額の計算上いったん加算される調整がなされる[26)]。

24） 税務の面から社債や貸付よりも株式に対する投資を優遇することになり、公平な投資機会の提供をゆがめることとなりかねない。

25） ただし、税制改正により、令和4年4月1日以後開始事業年度については、すべての場合について自社の100%グループ内の保有をすべて合算するルールに変更される。

図表15　受取配当等の益金不算入額

区分	持株割合	益金不算入額
完全子法人株式等	100%	受取配当の全額
関連法人株式等	３分の１超 100%未満	受取配当の全額 －負債利子
その他の株式等	5%超　３分の１以下	受取配当の額×50%
非支配目的株式等	5%以下	受取配当の額×20%

③　個人株主の法人税と所得税の調整――配当控除

配当控除とは、課税総所得金額に応じて、配当所得に対して一定額を税額控除として納付すべき所得税の額から控除できる制度である。この制度は、法人が納付した法人税はその法人の株主に課される所得税の前払いとしての性格があることに着目した制度といえる。

なお、この配当所得の制度は、配当所得が総合課税の対象となる場合（つまり、配当所得が総所得金額に含まれ、累進税率によって課税される場合。Ⅳ②(3)（p.156）参照。）に限って適用可能である。つまり、源泉分離選択課税を選択した場合には配当控除の適用はない（後記Ⅶ①（p.173）参照）。

②　配当に対する源泉徴収課税

上場会社の株式[27]にかかる配当は、その支払の際、15.315%

26）図表５において「法人税額から控除される所得税額」の400が加算されているのはそのためである。源泉徴収された所得税の額を、納付すべき法人税額から控除して調整する計算は別の別表（別表１）にて行われる。

（他に地方税として個人住民税５％）の税率により（源泉）所得税および復興特別所得税が源泉徴収される。これは個人株主に限らず法人株主についても同様となる（もっとも、法人株主には地方税の特別徴収はない）。

ただし、発行済株式の総数の３％以上に相当する数の株式を有する個人株主（以下「**大口株主等**」という。）が支払を受ける配当は20.42%（地方税なし）の（源泉）所得税および復興特別所得税が源泉徴収される。

3 個人株主に対する配当課税

個人株主が配当を受領した場合、配当所得は原則として他の所得と合算し総合して課税する方法（総合課税）がとられている（前記Ⅳ2(3)（p.156）参照）。

配当所得の金額は、配当の収入金額（源泉徴収前の配当金支払額）から、株式を取得するために要した借入金がある場合にその借入金の利子の額を控除して計算される（つまり、前記2の源泉徴収税の対象となる金額と一致しないことがある）。

そして、前記1(2)③に述べたように（p.163）、個人株主は、株式の発行会社である法人段階で課税された法人税との調整としての配当控除、および源泉徴収された所得税との調整（確定申告により納付すべき税額から源泉徴収税額を控除する）がなされる。

しかし、大口株主等以外の個人株主は、総合課税に代えて申告分離課税を選択することができる。申告分離課税による場合、確

27）本書では上場株式を念頭に議論している。上場株式と非上場株式では配当課税の取扱いが異なる点に注意が必要である。たとえば、非上場株式の配当に対する源泉徴収は本文でこの後に出てくる大口株主等が支払いを受ける上場株式の配当と同様の扱いとなる。

定申告書において上場株式による配当所得を申告することとなるが、総合課税の対象となる他の所得とは区別（分離）されて申告され、納税額が計算される。そして、申告分離課税の税率は、所得税および復興特別所得税が15.315％（個人の場合はこれに加えて地方税として個人住民税５％が課税され、合計20.315％）となる（その結果、税率は前記2の源泉徴収税率と同率となる）。

さらに、上場株式の配当にかかる配当所得については、確定申告をしない（確定申告をする所得に含めない）という選択も可能である。この場合、前記2の源泉徴収によって課税が完結することとなる。これらをまとめると図表16のようになる。

なお、細かい点ではあるが、特定口座を用いた場合には若干のバリエーションがある。また、**少額投資非課税制度**（いわゆる**NISA**）により上場株式を購入した場合は、配当は非課税となる。

Column 3-3　NISAとジュニアNISA（少額投資非課税制度）

税法上の少額投資非課税制度にはNISA、つみたてNISAおよびジュニアNISAがあるが、上場株式の投資に利用できるのはNISAとジュニアNISAである。NISAは20歳以上（成人）向け、ジュニアNISAは20歳未満の未成年者向けの制度となっている。

NISAが登場した背景は２つあると言われている。第１は税率引き上げに対する激変緩和措置である。過去には上場会社の株式の譲渡所得・配当所得に対する税率が10％の時期があったが、税制改正により2014年以降現状の20％課税となった。この影響を軽減させるために、一定額の投資につき非課税枠を設けることが考案され、NISAの導入に至った。

第２は「貯蓄から投資へ」という政府の政策の一環である。た

図表 16　上場株式の配当課税

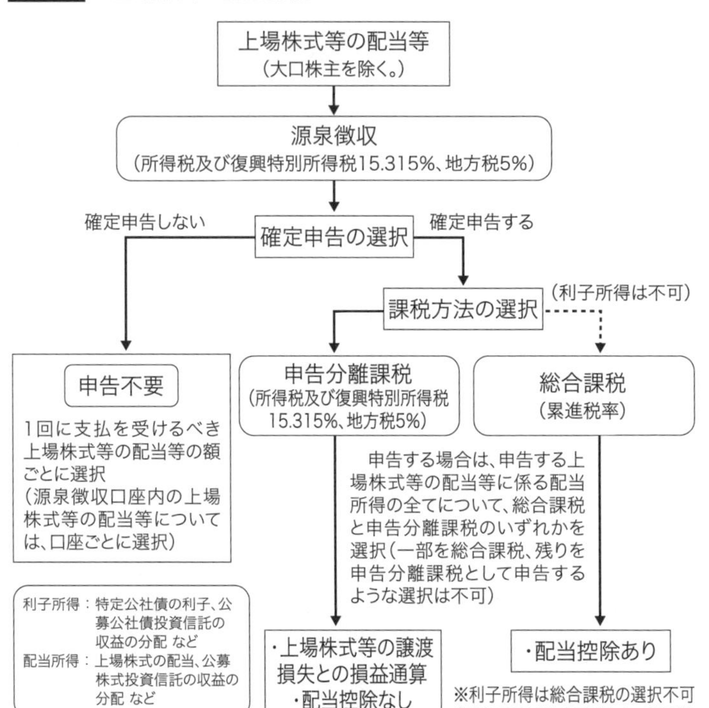

（出典：国税庁ウェブサイト）

とえば2012年7月に閣議決定された「日本再生戦略」では「長期・分散投資による資産形成の機会を家計に与え、自助努力に基づく資産形成を支援・促進し、家計からの成長マネーの供給拡大を図る」ことが提言されていた。非課税での投資の機会を個人に与えることは、株式投資を通してライフサイクルに適した資産形成を促進するうえで有効であると考えられた。

NISA は所定の手続を行うことにより 1 人 1 口座だけ開設することができる。2023 年までは新規投資額ベースで年間 120 万円まで利用することができる。なお、この 120 万円の非課税投資枠は同じ年に複数回に分けて利用することができるが、一度購入した株式を売却しても枠を復活させることはできない。

NISA の口座を通じて上場株式を取得した場合、5 年以内に NISA 口座で受け入れた上場株式の配当および上場株式の譲渡益について非課税の扱いを受けることが可能となる。

なお、株式を売却しないまま 5 年を経過した場合に、その年にまだ非課税投資枠が存在する場合には、新しい非課税投資枠に移管すること（ロールオーバー）も可能とされている。移管はその時点での時価でなされるため、5 年の経過時にあたかも上場株式を売却して売買損益を確定させ、その時点の時価で直ちに（その年の非課税投資枠で）買い直したかのように取扱うイメージである。なお、ロールオーバーをしなかった場合には他の口座に（その時点の時価で）移管されることとなるため、それ以降の配当金収入および株式の譲渡益（移管日の時価を上回る分）は課税の対象となる。

NISA では譲渡益が課税されない代わりに、譲渡損が発生してもなかったものとみなされ、NISA 以外の口座の上場会社の譲渡益や配当所得との通算ができない。上場会社の株式を購入するとしても、NISA の口座とそれ以外の口座とでは課税上の扱い（源泉徴収の有無や金額、損益の通算のルール等）が異なることから、NISA の口座で受け入れた上場株式の配当所得・譲渡所得と、本文で述べた特定口座（源泉徴収選択口座）で受け入れた上場会社の配当所得・譲渡所得とそれ以外の口座で受け入れた配当所得・譲渡所得はそれぞれ別々に計算されることになる。

そのため、譲渡損が切り捨てられてしまう結果、NISA を利用した方が税務上不利となる場合もある。つまり NISA は非課税とはいえ、NISA を使うのが常に税務上有利とは限らない。よってNISAを利用するか否か、またNISAを利用するとした場合にNISAの枠でどのような投資を行うかは各個人が十分に検討する必要がある。

なお、2024年からは新NISA（仮称）とよばれる新制度に切り替わる。新NISAは２階建てで、２階部分（102万円の非課税投資枠）が現在のNISAに対応する。２階部分を利用するためには原則として１階部分（20万円の非課税投資枠で従来のつみたてNISAに相当し、一定の株式投資信託の累積投資を行うもの）を利用することが必要であるが、従来のNISA口座を開設している者や上場株式の取引経験者であれば２階部分のみの利用が可能である。

Ⅵ　上場会社株式の譲渡をめぐる課税

1　個人の上場株式の譲渡にかかる課税に関する考え方

個人株主がその所有する上場株式を譲渡した場合、株式の譲渡が営利目的で継続的に行われている場合は事業所得または雑所得に該当し、それ以外の場合は譲渡所得として取扱われる。たとえば、譲渡所得として取扱われる場合、その金額は、次の計算式により算定される。

譲渡所得の金額＝譲渡収入金額－（取得費＋譲渡費用＋譲渡した年の負債利子）

なお、譲渡所得の課税は、譲渡の対象となる資産の種類によってさまざまである。以下では、上場株式を譲渡した場合の課税上の取扱いの概要を説明する。

上場株式の譲渡による事業所得、譲渡所得および雑所得（以下、

「上場株式の譲渡所得等」という。）は、申告分離課税による。申告分離課税の税率は所得税および復興特別所得税が15.315％（個人の場合はこれに加えて地方税として個人住民税５％が課税され、合計20.315％）となる。

そして、証券会社に開設した特定口座を通じた上場株式の売却とそれ以外との場合で課税上の扱いが異なることとなる。

特定口座は、確定申告に不慣れな個人投資家の便宜のために証券会社に設けられた口座で、特定口座の利用により申告・納税に関する個人の事務負担が軽減される。この特定口座には、「**源泉徴収選択口座**」と「**簡易申告口座**」の２種類がある。これは、上場株式の譲渡所得等（および配当所得）について所得税および住民税の源泉徴収を選択するかしないかの違いである。

「源泉徴収選択口座」を選択した場合、その口座内の上場株式の譲渡所得等と配当所得について、15.315％（個人の場合、他に地方税として個人住民税５％）の税率により（源泉）所得税および復興特別所得税が源泉徴収される。この仕組みを踏まえ、個人は、申告分離課税によることもできるし、これに代えて確定申告をしない（確定申告する所得に含めない）ことを選択することもできる。この場合、源泉徴収によって課税が完結することとなる。

これ以外の場合は上場株式の譲渡所得等につき源泉徴収の機会がないため、確定申告しないという選択肢をとることはできず申告分離課税によるしかない。これには、たとえば以下の２つの場合が考えられる。

・「簡易申告口座」である特定口座を通じた上場株式の売却にかかる譲渡益
・特定口座を通じた上場株式の売却以外の方法による上場株式の売

却にかかる譲渡益

これをまとめると**図表17**のとおりとなる。

このように、上場株式の譲渡所得等は、配当と異なり総合課税を受けることはなく分離課税のみとなるが、具体的にどのように納税するかについては上場会社ではなく上場株式を譲渡した個人の状況（特定口座の開設の有無および特定口座の内容）と選択によって決定されることとなる。なお、配当所得の場合と同様、少額投資非課税制度（いわゆるNISA）により購入した上場株式を売却した場合、譲渡にかかる所得は非課税となる。

2 上場株式の譲渡損失の損益通算および繰越控除

上場株式の譲渡所得の計算結果がマイナスとなる場合を譲渡損失という。上場株式に関する特例として、譲渡損失は、以下の2つの方法により、所得を減少させる（結果的に税負担を軽減させる）手段として用いることが可能である。

- ある年に上場株式の譲渡損失が発生した場合、上場株式の配当所得の計算上控除（損益通算という。）することができる。
- 控除しきれなかった譲渡損失は、翌年以降3年内の各年分の上場株式の譲渡所得および上場株式の配当所得から控除できる（**繰越控除**という。）[28]

28） 上場株式に関する譲渡損失は、非上場株式の譲渡所得・配当所得と損益通算することも繰越控除することもできない。基本的には、上場株式からの所得と非上場株式からの所得は異なる種類の所得と考えておく必要がある。

図表 17　上場株式の譲渡益課税

	概　　要
上場株式等 （上場株式 ETF 公募投資信 特定公社債 等）	申告分離課税 申告分離課税 上場株式等の譲渡益 × 20%（所得税 15%、住民税５%） 源泉徴収口座における確定申告不要の特例 源泉徴収口座（源泉徴収を選択した特定口座）を通じて行われる上場株式等の譲渡による所得については、源泉徴収（20%：所得税 15%、住民税５%）のみで課税関係を終了させることができる。 上場株式等に係る譲渡損失の損益通算、繰越控除 上場株式等の譲渡損失の金額があるときは、その年の上場株式等の配当所得等の金額から控除可。 上場株式等の譲渡損失の金額のうち、その年に控除しきれない金額については、翌年以降３年間にわたり、上場株式等に係る譲渡所得等の金額及び上場株式等の配当所得等の金額からの繰越控除可。
一般株式等 （上場株式等以外の株式等）	申告分離課税 一般株式等の譲渡益 × 20%（所得税 15%、住民税５%）

（出典：財務省ウェブサイトの資料を筆者が一部改変）

Ⅶ　株主に対する配当および譲渡課税のまとめ

1　個人株主の場合

個人株主（大口株主等を除く。）は、以下のように多種多様な選択肢を有していることがわかる。

- ・特定口座を利用するかしないか
- ・特定口座を利用する場合に「源泉徴収選択口座」と「簡易申告口座」のいずれを利用するか
- ・配当所得について、総合課税を選択するか、申告分離課税を選択するか、それとも確定申告不要とするか
- ・譲渡所得等について、申告分離課税を選択するか、確定申告不要とするか

詳細は割愛するが、たとえば、上場会社の配当にかかる課税上の取扱いを比較すると**図表18**のようになる。

これらの制度の相違の結果、各個人が置かれた状況によってどの方法が税務上もっとも有利かという結果が変わってくる。たとえば、次のような違いが考えられる。そして、この結果、最終的に、上場会社からの配当に対して個人株主がどの程度の税を負担することとなるかも各者各様となる。

- ・上場株式の譲渡損失との損益通算が可能な個人は、申告分離課税を選択する
- ・他の所得の金額が多いために適用される累進税率が高くなる個人は申告分離課税を選択した方が有利な傾向にある。個別の状況によって差が生じることがあるものの、一般的には、配当所得を加えた課税所得金額が695万円以下[29]であれば分離課税を選択し

図表18 上場会社の配当課税方法の比較

	確定申告をする		確定申告をしない（確定申告不要制度）
	総合課税を選択	申告分離課税を選択	
借入金利子の控除	できる	できる	できない
税率	累進税率	一律（所得税 15.315%＋地方税５%）	
配当控除	できる	できない	できない
上場株式の譲渡損失との損益通算	できない	できる	できない

た方が税負担は小さいと考えられている（**図表19** 参照）。
・所得が少ないために累進税率課税の弊害が小さく、借入金利子または配当控除の効果が大きい個人は総合課税を選択する
・確定申告をすることのメリットがあまりない個人（特に年末調整で終わってしまう給与所得者）は確定申告不要制度を利用する

このような理由により、上場会社の株主が受領する上場会社の配当にかかる配当所得の課税上の取扱いは上場会社とは関係なく各個人株主が決定することとなる。

2 法人株主の場合

法人株主の場合は、個人株主に比べると考慮すべき事情が少なく、配当課税に関しては以下のとおりである。

---

29) もっとも、自営業者等の国民健康保険の加入者で、保険料（または保険税）の基礎が住民税の総所得金額等の額である個人については、所得税および住民税に国民健康保険料を加えた合計額が最も小さくなるような申告方法を検討する方が望ましいと考えられている。

図表 19　総合課税を選択した場合の配当所得に対する所得税と住民税の実効税率

課税所得金額	所得税と住民税実効税率
195 万円以下	7.200%
195 万円超〜330 万円以下	7.200%
330 万円超〜695 万円以下	17.410%
695 万円超〜900 万円以下	20.473%
900 万円超〜1,000 万円以下	30.683%
1,000 万円超〜1,800 万円以下	37.188%
1,800 万円超〜4,000 万円以下	44.335%
4,000 万円超	49.440%

・受取配当金の益金不算入によって、受取配当の額をどの程度を所得から除外できるか
・所得税額控除によって、源泉徴収税額は法人税の額から控除可能

Ⅷ　組織再編税制

1　着眼点

合併、会社分割等の組織再編の多くは会社法上株主総会決議事項となっている。組織再編に係る税制は複雑であり、その詳細を理解することは必ずしも容易ではないが、税務を直接担当しない

株式実務担当者の目線からは、自社が組織再編を計画している場合、その課税上の取扱いとして次の３つの論点に対する結論の概要を把握しておくとよい。なお、以下では吸収合併の場合を例に議論する。

> (i)　合併の効力発生日に被合併法人の資産等の移転につき課税されるか否か（被合併法人の課税）
> (ii)　被合併法人の株主に対する合併対価の交付につき課税されるか否か（被合併法人の株主に対する課税）
> (iii)　合併に伴い被合併法人の税務上の欠損金の承継および合併法人の税務上の欠損金の利用に制限が課されないか（合併法人に対する課税上の影響）

以下、順にその概要を説明する。

2　適格組織再編と非適格組織再編の区別

(1)　適格組織再編と非適格組織再編の概要

(i) の「合併の効力発生日に被合併法人の資産等の移転につき課税されるか否か」は組織再編の**適格要件**に関連する。

企業会計と同様、税務上、合併を含む組織再編は、資産および負債が一体となって異なる法人に移転するものと捉えている。税務上重要なのは、こうした組織再編に伴って資産および負債が時価で譲渡されたと評価するか簿価のまま承継されたと評価するかである。

法人税法上の原則は、資産の移転については時価での譲渡と考え、譲渡損益を計上する（つまり、資産の含み益・含み損を実現させる)。しかし、組織再編の前後において経済的な実態に差がない場合には、組織再編の時点で譲渡損益を計上させないことに合理性があると考えられる。このような観点から、法人税法では、一定の基準のもと、組織再編を**適格組織再編**と**非適格組織再編**に区分し、前者は簿価による承継、後者は時価による譲渡として取扱うこととしている（図表20 参照）。

たとえば、吸収合併が適格合併と判定された場合、被合併法人（消滅会社）は譲渡損益を計上せず、合併法人（存続会社）は合併によって引き継ぐ資産・負債を被合併法人の簿価[30)]で承継する。

⑵ 適格要件

法人税法では、組織再編が適格組織再編となるための要件が詳細に定められている。基本的な発想として、グループ内再編の場合と、（大が小を飲み込むような買収でない）共同の事業統合のような場合は、移転後も資産・負債に対する支配が継続していると考えて適格組織再編に該当すると整理し、組織再編による異なる法人間の資産・負債の移転につき、資産等の売却とみて譲渡益に課税するのをひとまず保留しようというのが適格組織再編の考え方である。そのため、適格組織再編＝課税の免除ではなく、適格組織再編＝課税の繰延べとして理解しておくべきである。課税の繰延べとは、適格組織再編によって引き継いだ資産等を第三者に譲渡した場合、組織再編の時点で課税されるべきであった分もまとめて課税されることを意味する。

以下では、吸収合併を例として適格要件の概要を説明する。

適格要件には次の３つの類型に応じて定められている（図表

---

30) この部分で「簿価」といっているのは正確には税務上の簿価であり、企業会計上の簿価とは異なる可能性がある。たとえば、税務上損金算入可能な減価償却費と企業会計上実際に費用処理した減価償却費が異なれば、未償却部分を示す固定資産（減価償却資産）の簿価は企業会計と税務とで異なることとなる。

図表 20　適格組織再編と非適格組織再編

類型	移転側法人	受入側法人	移転側法人の株主（後記3参照）
適格組織再編	譲渡損益を計上する	簿価で承継する	・対価に金銭等に含まれない場合、原則として譲渡損益の計上なし ・みなし配当課税なし
非適格組織再編	譲渡損益を計上しない	時価で取得する	・対価に金銭等に含まれない場合、原則として譲渡損益の計上なし ・みなし配当課税あり

21 参照）。

・第１の類型はグループ内再編のうち、100％の株式の保有関係（**完全支配関係**という）がある場合である。直接100％を保有する親子会社に限らず、共通の親会社に100％を保有されている兄弟会社であってもこれに該当する。この場合の適格要件は「対価として金銭その他の資産の支払いがないこと」と「合併後に完全支配関係が継続することが見込まれること[31]」である。
・第２の類型はグループ内再編のうち、50％超の株式の保有関係（**支配関係**という）がある場合である。第１の類型と同様、直接保有に限らず間接的な保有による支配関係も含まれる。この場合の適格要件は、第１の類型の要件（ただし、完全支配関係とあるのを支配関係に読み替える）に加え、図表21に示した２要件が追加される。

31）ただし、100％親子会社間の合併であればこの要件は不要である（性質上当然に成り立つ）。

図表21　適格組織再編の要件の概要（吸収合併の場合）

要件	グループ内再編		共同事業再編
	100%	50%超	
対価として金銭その他の資産の支払いがない	○	○	○
合併前の被合併法人の主要な事業の継続見込	−	○	○
被合併法人の概ね80%以上の従業員の承継	−	○	○
完全支配関係または支配関係の継続の見込み	○	○	−
被合併法人の主要事業との相互関連性がある	−	−	○
関連事業の売上・従業員数等が概ね5倍以下	−	−	いずれか○
当事法人双方の特定役員が引続き経営に参画	−	−	
支配株主に交付された株式の継続保有見込	−	−	○

- 第３の類型は共同事業を行う場合の類型である。グループ内再編ではないものの、共同で事業を行う類型では、合併等の組織再編の前後でどちらの当事会社も主体的に事業経営に参画している（少なくとも、他方の当事会社に従属する関係ではない）点をとらえ、資産等の時価譲渡を積極的に認定せず、組織再編時に直ちに課税を行わないこととしている。この場合の適格要件は図表21 に示した６要件である。
- それぞれの適格要件は複雑であるため詳細は割愛するが、すべてに共通する要件である「対価として金銭その他の資産の支払いがない」について補足すると、この表現にかかわらず、金銭を株主に交付しても依然としてこの要件が満たされていると扱われる場合がいくつかある。たとえば、１株未満の端数部分を金銭で交付した場合、剰余金の配当として交付する場合、反対株主の株式買取請求権に応じて金銭を交付する場合等が含まれる。加えて重要であるのは、合併直前に合併法人が被合併法人の発行済株式の３分の２以上を保有している場合には、少数株主に対して金銭その他の資産を合併対価として交付しても上記の要件が満たされていると扱われている点である。要するに、対象会社の株式の３分の２以上を取得した後に実施するキャッシュ・アウトを吸収合併の方法によって実行するとしてもなお適格合併を可能とする余地を残すことにより税制上キャッシュ・アウトを阻害しないよう配慮している。

3 被合併法人の株主の課税関係

(ii) の「被合併法人の株主に対する合併対価の交付につき課税されるか否か」(p.175) は、2に述べた適格合併か非適格合併かという観点と、合併対価が合併法人等の株式かそれ以外の金銭等の資産かという観点の両方で決せられる。

前者の点（適格か否か）は、後記Ⅸ2(3)のみなし配当課税の有無にかかわる。後述のとおり適格合併の場合にはみなし配当課税がなされない。これに対して、非適格合併の場合にはみなし配当課税がなされる。

そして後者の点（合併対価の種類）は株主に譲渡損益が生じるか否かに関係する。合併の対価が合併法人の株式であれば、被合併法人の株主は合併前後で株式保有を通じて被合併法人（の事業）に投資をしているという経済実態に変化がないため、被合併法人の株式と合併法人の株式との交換は実質的に譲渡ではないと考え、合併時に譲渡損益は認識されない。その結果合併時に課税がなされず、課税の繰延べが生じる。これに対して合併の対価が金銭等であれば、対価のみに注目すれば株式を売却して金銭を得ている場合と課税上の取扱いを異にする理由がなく、通常の譲渡損益課税がなされることになる。

これらの点は前記の図表20に要約されている。

4　欠損金の引継・利用制限

（iii）の「合併に伴い被合併法人の税務上の欠損金の承継および合併法人の税務上の欠損金の利用に制限が課されないか」（p.175）は、適格要件に加えてさらに一定の要件を満たしているか否かの問題となる。適格合併では、被合併法人の税務上のステータスをすべて合併法人が承継すると評価されているため、原則として被合併法人の欠損金は合併法人に引き継がれる。しかし、専らこの欠損金を利用して合併法人の課税所得を軽減させることを目的として合併が行われるなど、合併が不当な租税回避に利用される可能性がある。そのため欠損金を抱える会社を買収して支配関係を創出し（支配関係がない場合は共同事業を行う場合の適格要件が必要となるため、これを回避するための支配関係である)、ただちに適格合併を行うような場合には欠損金の利用を制限することとされている。さらに注意すべき点として、このような状況で被合併法人の欠損金の引継のみを制限するのでは、逆さ合併（合併法人と被合併法人を入れ替えること）によって容易に規制回避が可能となることから、被合併法人の欠損金の承継を制限するだけでなく、合併法人がもともと有していた欠損金の使用まで制限するという重い制限を課している。

この制限を回避するためには次の２つのいずれかの要件を満たす必要がある。

- 適格合併を行う事業年度開始時点で、合併法人と被合併法人の支配関係が５年以上存続していること
- **みなし共同事業要件**を満たすこと（図表22 参照）

なお、同様の懸念が含み損のある資産についてもあてはまることから、被合併法人から承継した含み損のある資産または合併法人がもともと保有していた含み損のある資産について、合併後に売却して含み損を実現させても、一定の適用除外事由に該当しない限り譲渡損失を損金に算入することができないという内容の規定が設けられている。

Column 3-4　グループ通算制度とグループ法人税制

税制の仕組みは時として会計制度と比較すると理解しやすいこともあるが、会計制度と比較することでかえって混乱することもあり、むしろ会計制度のことを考えない方が正確に理解できることもある。その１つの例がグループ通算制度・グループ法人税制

図表22 **みなし共同事業要件の概要（適格要件である共同事業再編の要件との比較）**

共同事業再編の適格要件	みなし共同事業要件	要件（どちらか）	
被合併法人の主要事業との相互関連性があること	同左	○	○
関連事業の売上・従業員数等が概ね５倍以下	同左	○	－
－	被合併法人の事業規模が支配関係中概ね２倍以下	○	－
－	合併法人の事業規模が支配関係中概ね２倍以下	○	－
当事法人双方の特定役員が引続き経営に参画	左記に加え、これらの特定役員が支配関係発生日において両法人の役員であったこと	－	○

である。

日本の税制では、この「グループ」とは完全支配関係、つまり基本的には100％資本関係にあるグループを想定している。会計上子会社となるような資本関係一税務でこれに近いのは「支配関係」であるが一では足りない。

グループ通算制度は、従来の連結納税制度に代わって2022年４月１日以降に適用される制度である。これを採用するか否かは個々の法人グループの選択である。税法では原則として個々の法人ベースで計算して納税する単体納税制度が採用されているが、完全支配関係にある企業グループ内の各法人については、法人間での損益通算等の一定の調整を認めることにより税負担を軽減させる余地を認めたのがグループ通算制度である。

これに対してグループ法人税制は、完全支配関係にある法人間での一定の資産譲渡、寄附、配当、株式の発行法人への譲渡等の一定の取引については、取引によって生じた損益等について直ちにこれを課税せず、資産がグループ外の第三者に処分された時点またはその他の一定の事由が発生した時点まで課税の繰延べを行う制度である。これは、100%の資本関係という強い結びつきのある企業グループを経済的に一体性のあるものとして課税関係を規律しようとする仕組みとして設けられたが、要するに100%グループ内の取引だけで自由に益金・損金等を発生させて課税所得を調整するという恣意的な取引を抑制させる効果がある。グループ法人税制は法人の選択の余地なく、完全支配関係が存在する場合に常に適用される。これは組織再編税制とも連動する制度であり、たとえば完全支配関係のある法人間の適格組織再編後の取引にグループ法人税制が適用される可能性に留意する必要がある。

このように、税法上グループ法人税制の（強制）適用および（選択による）グループ通算制度（またはその前身である連結納税制度）の適用の有無を決めるのは完全支配関係である。これに対して、会計上の連結は100%資本関係かどうかではなく、親会社・子会社の関係にあるか否か（支配の有無）が判断基準となる。完全支配関係があるか否かで会計上の結論が大きく異なる場面は限られている。このように、同じように企業（法人）グループについて議論する場合でも、会計と税務で考え方が異なることには留意が必要である。

Ⅸ　みなし配当

1　みなし配当とは

剰余金の配当とは法形式が異なるものの、経済的な実質が配当と同じ効果をもたらすものについては、所得税法および法人税法では「**みなし配当**」として、配当課税を行うこととされている。たとえば以下のものが含まれる（法人税法24条1項、所得税法25条1項）。

- ・資本剰余金の減少に伴う株式にかかる剰余金の配当
- ・自己株式の取得
- ・合併等の組織再編の一部（適格組織再編に該当するものを除く。）

これらが経済的には利益配当（剰余金の配当）の側面を有するとしても、実際に株主に交付された金銭等の財産のうちどの部分を剰余金の配当と考えるべきかというのは理論上必然的に決まるものではない。そのため、税法では、一種の割り切りにより画一的な算定方法を定めている。

実務上は、これらのみなし配当が生じる場合、株主には配当課税と株式譲渡益課税が発生する可能性がある点に留意すべきである。

2　各種みなし配当の考え方

(1)　資本剰余金の減少に伴う株式にかかる剰余金の配当

資本剰余金の減少に伴う株式にかかる剰余金の配当は企業会計上出資の返還に相当するものであるため、受領した株主は、一部の例外を除き、出資の一部の返還を受けたものとして会計処理を行う（つまり、株式の帳簿価額を減額する）こととなる。つまり、企業会計上、株主は受取配当金にかかる収益を認識しないのが原則である。

しかし、税法上は、剰余金の配当を行う場合、利益剰余金から配当するか資本剰余金から配当するかについて株式会社の恣意性が介入する点を重視する。そこで、税法上は一定の擬制（割り切り）として、株式会社は、一律に、利益配当と出資返還を、それぞれの原資の残高（税法上、利益部分の額を利益積立金額、出資部分の額を資本金等の額という。）に応じて均等に（いわゆるプロラタで）行ったものと判断する。実際の株式会社の配当原資の割り振り方に左右されない。

その結果、資本剰余金の減少に伴う株式にかかる剰余金の配当のうち、出資の返還として計算された部分（出資部分（資本金等の額）に、配当のために使用した資本剰余金額を純資産額で割った割合を乗じた額に相当する）は株主にとって上場株式の譲渡収入となる（個人株主の場合、上場株式の譲渡所得等を構成する。）。そして残りの部分が税務上の利益配当に相当するもの（上場会社からの配当）とみなされる（個人株主の場合、配当所得を構成する）。イメージは**図表23**のとおりである。

⑵　自己株式の取得

自己株式の取得は、会社法上は剰余金の配当と同一の財源規制の対象となることからも明らかなように、（株主に対する還元という意味で）利益配当としての側面を有する。しかし、企業会計上は、自己株式の取得は、取得側（株式の発行会社）では（剰余金の減少とは異なる）純資産の減少として認識され、取得の相手方で

図表23　資本剰余金からの配当とみなし配当（個人株主の場合）

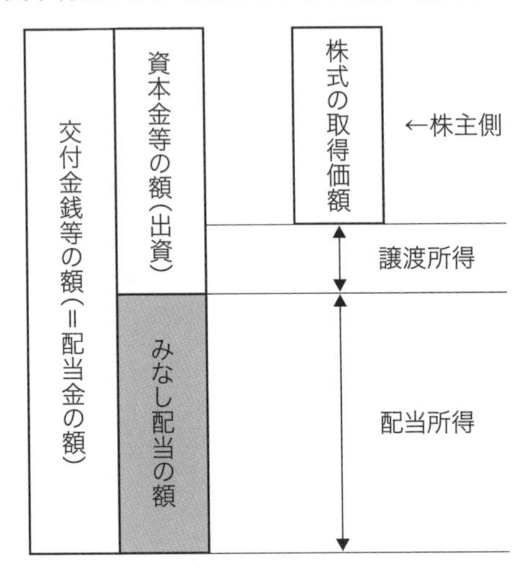

は、保有する株式の譲渡の相手がたまたま発行会社自身であったにすぎないため、株式の譲渡として会計処理される。

税法上、自己株式の取得の性質を厳密に説明することは難しいものの、相対取引による株主からの自己株式の取得の場合、自己株式の取得対価が利益配当と出資返還の組み合わせであると考える[32)]。上記(1)と類似するが、株主側からすれば、株式の（発行法人に対する）売却対価（売却収入）の一部が利益配当とみなされることとなる。具体的には、株式の発行法人の出資部分（資本金等の額）のうち、自己株式に対応する部分（自己株式の数を発行済株式総数で割った割合を乗じた額）が株式譲渡の対価とみなされ、残りが利益配当であるとみなされる（図表24参照）。

---

32)　その結果、少なくとも税務上も自己株式の取得は資産の計上とは扱われていないと考えられる。

図表24　自己株式の取得とみなし配当（原則的な場合）

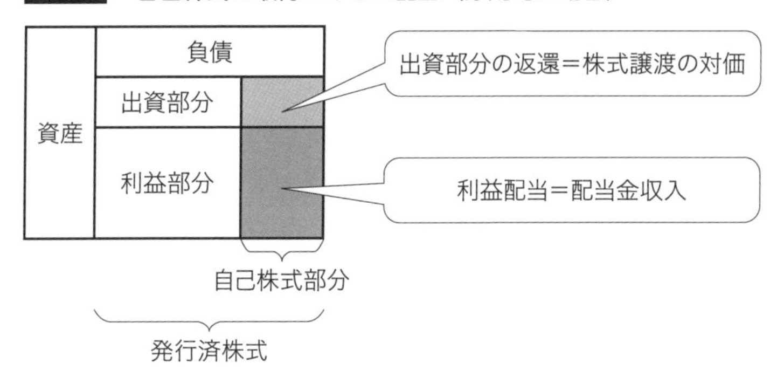

ただし、一定の自己株式の取得（たとえば市場における取得）についてはみなし配当は生じないという特例がある。この特例に含まれるものとして上場会社が市場取引[33]により自己株式を取得する場合がある。よって株主側からみれば、このようにみなし配当の生じない自己株式の取得は通常の上場株式の売買と同様に譲渡所得課税のみが問題となる。

⑶　合併等の組織再編の一部（適格組織再編に該当するものを除く。）

非適格合併を例にとると、税法上は、非適格合併によって被合併法人がその資産・負債の譲渡の対価として合併法人から合併対価（合併法人の株式等）を取得し、これを被合併法人の株主に交付して消滅（清算）すると考えられている。そのため、合併対価として合併法人が被合併法人の株主に交付する財産が、あたかも

33）　市場取引には東京証券取引所の自己株式立会外買付取引（ToSTNET-3）が含まれる。

図表25　みなし配当――非適格合併の場合

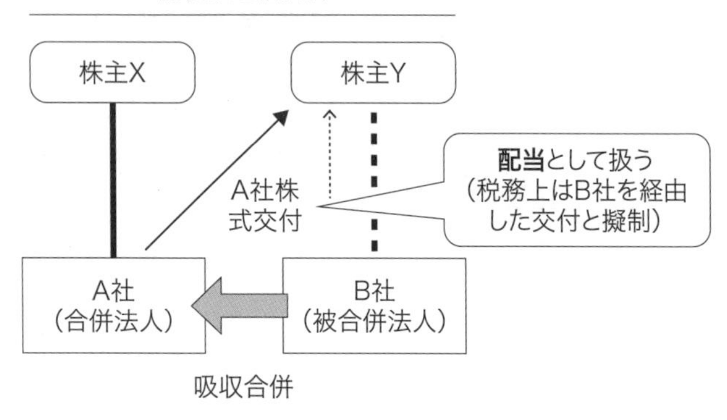

被合併法人からその株主に対して分配されるかのように取扱われる（法人税法62条1項）（図表25参照）。そして、この資産の分配によって被合併法人が解体されるのであるから、合併対価の交付は、それまで留保されていた被合併法人の利益の配当と累積していた出資の返還の両方の性格を有すると考え、合併対価のうち被合併法人の出資部分（資本金等の額）を超える部分は税務上配当と取扱われることとなる（みなし配当）。

なお、これに対して、適格合併の場合はみなし配当は生じないこととされている。適格合併と整理された場合、合併法人は被合併法人の資産・負債を簿価で承継するとともに税務上のステータスをすべて承継すると考えており、非適格合併のように、合併によって「被合併法人がその資産・負債の譲渡の対価として合併法人から合併対価を取得し、これを被合併法人の株主に交付して消滅（清算）する」とは評価していない。このように、適格合併においては、被合併法人からその株主に対する資産の分配という側面がないため、みなし配当は問題とならない。

Column 3-5 **資本剰余金を減少させて配当する場合の注意点（東証通知より）**

本文で述べたように、上場会社が株主に配当する場合に、その原資が利益剰余金であるか資本剰余金であるかによって税務上の取扱いが異なることになる。そのため、投資家に対するディスクロージャーという観点とは別に、適正な課税という観点からも、上場会社が資本剰余金を原資として配当した場合にその内容が適切に関係者に通知される必要がある。このような観点から税法上、上場会社は一定の事項に関する通知義務を負っている。この点を踏まえ、上場会社向けに情報提供の注意喚起が複数回行われている（直近では 2021 年 4 月 28 日付の東証通知参照）。これは、一部の上場会社において、資本剰余金を原資とする配当に係る情報が関係各所に適切に伝達されず、証券会社において源泉徴収等の事務がやり直しとなり、投資家において確定申告の修正が必要となるケースが度々発生していることが原因である。

具体的には上場会社には次の２点の対応が求められている。

(i) 資本剰余金を原資とする配当を行う場合には株式事務代行機関にその旨を伝達するほか、証券会社等に対して、みなし配当の額や純資産減少割合[(注)]など、株主に交付する金銭等に関する情報の通知を行う（この通知は証券保管振替機構が管理する Target 保振サイトを通じて行う。各証券会社等は保振サイトを通じてこれらの情報を確認し、必要な源泉徴収額の決定その他税務上必要な計算を行うこととなる。）

(ii) 剰余金の配当の決定に係る適時開示において、「配当原資が資本剰余金である旨」および「純資産減少割合」を記載すること

（注）純資産減少割合は、「配当によって減少する資本剰余金」の「純資産の帳簿価額」に対する割合をいう。

みなし配当にはいくつかの類型があるが、その中でも、資本剰

余金を原資とする配当は決して珍しいものではない。しかし資本剰余金を原資とする配当は毎年発生するものでもなく社内の事務手続の経験値が高いとはいえないため上記（i）（ii）の対応を忘れやすい。上場会社による配当は多数の株主の課税関係に影響があるため、手続にもれがないよう慎重な対応が必要である。上場株式の配当の源泉徴収義務は証券会社等が負うことが少なくないが、これは上場会社から必要な情報提供を受けることを前提として制度設計されている。このような観点から、上場会社自身が源泉徴収を行わない場合には、他の者（本件では証券会社等）が源泉徴収を適正に行うために必要な情報を上場会社が提供できているかに配慮する必要である。こうした税務コンプライアンスも広い意味で株式実務の中にあるというべきであろう。

X　住民税の概要

1　上場株式に関連する個人住民税

(1)　個人住民税の概要

個人住民税は、課税する地方団体（都道府県および市区町村）の種類に応じて都道府県民税と市区町村民税に分類され、また住民税の種類によって、均等割、所得割、利子割、配当割および株式等譲渡所得割に区分できる（図表26 参照）

本書に関係する上場株式の配当にかかる配当所得と上場株式の譲渡所得等が関連するのは**所得割、配当割**および**株式等譲渡所得割**である。

図表26　個人住民税の種類

都道府県民税	均等割	所得割	利子割	配当割	株式等譲渡所得割
市区町村民税			／	／	／

(2) 個人所得割の概要

1月1日に地方団体内に住所を有する個人には当該地方団体によって個人均等割と個人所得割が課税される。

個人所得割は、その地方団体の住民であることに着目し、その所得金額の大きさに応じた税負担を求めるものである。国税である所得税とは目的を異にするが、所得課税という性質において所得税と密接に関連する。ただし、個人所得割は課税手続の便宜の観点から、前年の所得を基礎として課税される[34]（**前年所得課税主義**）。

個人所得割は、標準税率10％[35]のみが法定されており、これを基礎として各地方団体が条例（税条例）によって税率を定める。累進課税の所得税とは異なり定率課税となっている。

個人所得割は、前年の所得について所得税法上算定された総所得金額に税率を乗じて計算することから、上場会社の配当にかかる配当所得に対して所得税・住民税ともに総合課税を選択する場合には、上場会社の配当に係る配当所得が総所得金額に含まれることとなり、配当所得部分に対する個人住民税の課税は個人所得割の中に取り込まれる（地方税法32条13項、313条13項）。また、

34)　ただし退職所得は退職時に個人所得割も課税されるので課税時期のずれは生じない。

35)　10％の内訳は都道府県民税４％、市区町村民税６％であるが、指定都市については道府県民税２％、市町村民税８％となる。

所得税と同様に一定の配当控除が認められている（地方税法附則5条）。

⑶ 配当割の概要および上場会社の株式にかかる配当に対する個人住民税の取扱い

前記Ｖ2に述べたように（p.163）、上場会社の株式にかかる配当は、その支払の際、15.315％の税率により（源泉）所得税および復興特別所得税が源泉徴収される。株主が個人の場合は、これに加えて５％の税率により配当割という個人住民税が課される。配当割は**特別徴収**（所得税における源泉徴収に相当する手続）によって行われる（地方税法71条の30）。その結果、上場会社の株式にかかる配当は、合計20.315％の税率の税金があらかじめ天引きされることとなる。

上場株式の配当に関する個人住民税の仕組みは、所得税の仕組みとほぼ同様に設計されている。つまり、総合課税、申告分離課税、申告しないという３つの選択肢がある。

① 総合課税の選択

まず、総合課税を選択する個人株主には配当控除が適用される。加えて、配当割と所得割との間の調整として、前年において配当割を課税されたときは、個人所得割からの税額控除が認められている（地方税法37条の４、314条の９）。

この「前年において」の点を補足すると、個人所得割は⑵で述べたように前年の所得に対して課税される。これに対して、配当割は配当の支払い時に特別徴収（源泉徴収と同様）によって課税・徴収される。よって、今年の上場株式にかかる配当には今年配当割が課税され、翌年に所得割の対象となる。

②　申告分離課税の選択

また、個人株主は総合課税に代えて申告分離課税を選択することができる。申告分離課税による場合、個人住民税の申告書において上場株式の配当にかかる配当所得を申告することとなるが、総合課税の対象となる他の所得とは区別（分離）されて申告され、納税額が決定される。そして、申告分離課税の場合、他の所得とは区分されて５％の税率の所得割が課される（これに所得税および復興特別所得税として15.315％が課税され、合計20.315％）。その結果、所得割の税率は前記の特別徴収の配当割と同率となり、実質的に個人住民税は５％課税で完了することになる。なお、この場合、配当控除の適用はないが、前年において配当割を課税されたときの個人所得割からの税額控除は認められている。

③　申告不要の取扱い

さらに、上場株式の配当にかかる配当所得については、地方住民税に関しても確定申告をしない（個人住民税に係る申告書に配当所得に関して記載しない）という選択も可能である。この場合、配当割の特別徴収のみによって個人住民税の課税が完結することとなる。

なお、この上場株式の配当にかかる配当所得について所得税との関係で申告され、確定申告書が提出されている場合であっても、個人住民税の申告書に記載することにより、個人住民税に関して申告しないこととするか、総合課税とするか申告分離課税とするかを改めて選択することができる。

⑷　株式等譲渡所得割の概要および上場会社の株式の譲渡に対する個人住民税の取扱い

上場株式の譲渡所得等に対する個人住民税の課税は、所得税と同様、申告分離課税によることとなっており、総合課税の選択肢はない。前記Ⅵ1に述べたように、特定口座のうち「源泉徴収選択口座」を選択した場合、その口座内の上場株式の譲渡所得等と配当所得について、15.315%の税率により（源泉）所得税および復興特別所得税が源泉徴収される。個人住民税についてはこの源泉徴収の際に5％の株式等譲渡所得割という個人住民税が課され、特別徴収される。これによって合計20.135%分が天引きとなる点は配当の場合と同様の取扱いとなる。

この仕組みを踏まえ、個人は、申告分離課税によることもできるし、これに代えて申告をしないことを選択することもできる。申告しない場合、特別徴収によって個人住民税の課税は完結することとなる。申告分離課税による場合、個人住民税の申告書において上場株式の譲渡所得等を申告することとなるが、総合課税の対象となる他の所得とは区別（分離）されて申告され、税額が決定される。そして、申告分離課税の場合、他の所得とは区分されて5％の税率の所得割が課される[36)]。また、前年において株式等譲渡所得割を課税されたときは、個人所得割からの税額控除が認められている（地方税法37条の4、314条の9）点も配当割の場合と同様である。

さらに、前記Ⅵ2（p.170）に述べた上場株式の譲渡損失の損益通算および繰越控除に類似する取扱いが個人住民税についても設けられている。

36） これに所得税および復興特別所得税として15.315%が課税され、合計20.315%となる。その結果、税率は前記の特別徴収の株式等譲渡所得割と同率となる。

2 参考：法人住民税

前記1では個人株主に対する住民税（個人住民税）の取扱いについて説明したが、法人株主に対する住民税（法人住民税）は仕組みが異なり、もっと単純である。つまり、法人株主が受領する上場株式の配当は所得税の源泉徴収の対象ではあるが、住民税の特別徴収の対象とはならない。同様に、上場株式の譲渡益に対しても住民税の特別徴収はない。

法人住民税は個人住民税とは異なる仕組みとなっている。個人住民税のうち所得割の課税標準（つまり、税率を乗じる対象）は総所得金額という所得の金額であった。これに対して、法人住民税において個人所得割に類似するものとして「**法人税割**」が存在するが、その名称のとおり、課税標準は法人の課税所得（法人税の課税標準）ではなく、確定法人税額となっている（また個人住民税のような前年課税とはならない）。法人に対する国税の所得課税（法人税課税）は法人のすべての所得に対する課税となっており、配当に対する源泉所得税も法人税の前払いと考えれば、法人税額の中に配当に対する国税の課税が含まれていることになる。そのため、この法人税額に対して一定の税率[37]を乗じることにより法人住民税を課税すれば、配当に対する住民税の課税の目的は達せられたことになる。このように法人税がすべての所得に対する総合課税となっていることを踏まえ、法人住民税は「法人税額」に対して税率を乗じるという法人税割によって法人の所得に対する住民税課税をすべて対応しようとしている。これは、所得税の総合課税の対象となる総所得金額を課税標準とする個人住民

37） 標準税率は都道府県民税が1.0%、市区町村民税が6.0%である。

税の所得割においては、源泉徴収のみで課税を完結させることや申告分離課税を選択することによって総所得金額に含まれない所得（つまり、所得割の対象とならない所得）が生じてしまう個人住民税課税とは構造が異なっている。

事項索引

＊＊＊＊＊＊ さ 行 ＊＊＊＊＊＊

****** た 行 ******

****** な 行 ******

****** は 行 ******

****** ま 行 ******

＊＊＊＊＊＊ や 行 ＊＊＊＊＊＊

＊＊＊＊＊＊ ら 行 ＊＊＊＊＊＊

著者紹介

中村慎二（なかむら・しんじ）

アンダーソン・毛利・友常法律事務所外国法共同事業パートナー弁護士／公認会計士／米国イリノイ州公認会計士（RCPA）／公認内部監査人／CFA協会認定証券アナリスト／日本証券アナリスト協会認定アナリスト（CMA）／日本アクチュアリー会正会員（理事長賞受賞）。

1999年3月東京大学法学部卒業。2000年弁護士登録。2006年公認会計士登録。

2011年7月～2013年7月任期付公務員として金融庁総務企画局（現 企画市場局）企業開示課に勤務。

主な著書

『コーポレートガバナンス・コードのすべて』(共著)　商事法務(2017年)

『新しい株式報酬制度の設計と活用――有償ストック・オプション&リストリクテッド・ストックの考え方』　中央経済社(2017年)

『適時開示の実務Q&A〔第2版〕』(共著)　商事法務(2018年)

その他、ディスクロージャー制度および金融商品取引法・会社法に関する論文を多数執筆。

株式実務担当者のための
会計・金商法・税法の基礎知識

2021年8月12日　初版第1刷発行

著　者　中 村 慎 二

発行者　石 川 雅 規

発行所　株式会社 商 事 法 務

〒103-0025 東京都中央区日本橋茅場町3-9-10
TEL 03-5614-5643・FAX 03-3664-8844〔営業〕
TEL 03-5614-5649〔編集〕
https://www.shojihomu.co.jp/

落丁・乱丁本はお取り替えいたします。　印刷／そうめいコミュニケーションプリンティング

Printed in Japan
Shojihomu Co., Ltd.
ISBN978-4-7857-2892-2
＊定価はカバーに表示してあります。